Roland Breitenbach

Christsein

der Neue Weg beginnt jetzt

Antworten und Anregungen

für Einsteiger

Umsteiger

Aussteiger

Zusteiger

Aufsteiger

Absteiger

Christsein – heute / Roland Breitenbach
Originalausgabe
1. Auflage

Pfiffikus Verlag
Promenadestraße 26
97688 Bad Kissingen
pfiffikus.kg@t-online.de

Fotos und Gestaltung: Agentur Pfiffikus GbR
Bad Kissingen
Druck: Hoehl-Druck, Bad Hersfeld

ISBN 3-9809220-1-4

Inhalt

Christsein – was heißt das

Das Evangelium Jesu kann nur weiter leben und weiter wirken, wenn es für jede Generation aktuell und anziehend ist. Die Frohe Botschaft muss die Antworten finden, die der Mensch im 21. Jahrhundert braucht.

In 20 kurzen Kapiteln werden die wesentlichen Elemente des christlichen Glaubens in verständlicher Sprache vorgelegt, mit einem Psalmtext und einer Fürbitte verbunden. Mit jeweils vier Impulsen zum eigenen Nachdenken, können die Glaubenselemente Teil des eigenen Lebens werden.

Die Texte zeugen von einem Glauben, der heute auf neue Weise buchstabiert werden muss. Es kann kein Glaube sein, der über die Menschen gestülpt wird oder im alten Gewand daherkommt: Frischkost ist besser als Konserven.

Die Frage, wer heute ein Christ sein kann, soll hier beantwortet werden. Es gibt einige Kennzeichen. Das ist zuerst der Glaube an Jesus Christus und das Vertrauen, dass das Reich Gottes, das er verkündet hat, schon unter uns entsteht. Toleranz, Offenheit, Friedenswillen und soziale Gerechtigkeit, also ein alternativer Lebensstil gehören sicher dazu. Vor allem aber ein einfühlsames, achtsames Herz und helfende Hände.

Wer in die Nachfolge Jesu eintritt, wird die Menschen, die Gesellschaft, vor allem auch sich mit neuen Augen sehen: Es sind die Augen der Achtsamkeit, der Fürsorge und der Verantwortung für alles, was lebt. Dem Christen ist die ganze Welt heilig, denn sie kommt aus Gottes Hand.

Die Frohe Botschaft Jesu vermittelt eine positive Sicht vom Menschen und seiner Welt, fernab vom religiösen Leistungsdenken. Diese gute Erfahrung soll hier vermittelt werden. Sonst macht die christliche Religion keinen Sinn, und ein Leben nach dem Evangelium wäre wenig erstrebenswert.

Wie hältst du es mit der Religion

1

Es gibt kaum einen Menschen, der sich als nichtreligiös bezeichnet. Vom Wortsinn her bedeutet Religion, sich an etwas gebunden wissen, was außerhalb des Menschseins und unserer Welt zu finden ist und doch zu uns gehört. Religion stellt die Verbindung zum Heiligen her, an das die Menschen von Anfang an glaubten. Das Heilige, das Vollkommene ist die große Vision des Menschengeschlechtes. Ohne Religion macht das Leben keinen Sinn, weil es ein Leben ohne Beziehung zur anderen Seite wäre. Sie gehört genauso zu uns wie das Diesseits. Religion stellt diese Beziehung her. Ohne Religion bleibt der Mensch einseitig.

In ihrer Geschichte haben die Menschen ganz unterschiedliche Versuche gemacht, in die Beziehung zur anderen Welt einzutreten. Sie empfanden sie als genauso wirklich wie das Leben auf dieser Seite der großen Grenze, die erst durch den Tod überschritten werden kann. Aus ihrem kulturellen Untergrund sind große Religionen wie der Buddhismus gewachsen, die zum Teil noch heute eine große Anziehungskraft haben. In allen Religionen ist die Sehnsucht nach dem Heiligen und Ewigen spürbar.

Dafür hat der Christ einen Namen, er nennt dieses Heilige GOTT. Für ihn ist die Beziehung zu Gott und zu den Mitmenschen besonders wichtig. Denn Gott und Mensch lassen sich nicht trennen; das eine ist ohne das andere im Christentum nicht denkbar. Wir leben in gegenseitiger Verantwortung füreinander. In der Verkündigung Jesu Christi wird deswegen der Dienst am Menschen zum Gottesdienst. In solch intensiver und unmittelbarer Form gibt es diesen Zusammenhang zwischen Gott und Mensch in keiner anderen Religion.

Was sich der Beziehung zu Gott und den Menschen widersetzt, führt zur Vereinzelung und zur Verarmung. Der Mensch ist auf Beziehung, auf Partnerschaft angelegt. Ein wichtiger Teil seines Lebenssinns erfüllt sich im Miteinander und Füreinander.

Gott ist nach der Überzeugung der Christen kein einsames Wesen, kein Einzelgänger. Dieser Glaube an einen

Gott der Beziehungen wird mit Dreifaltigkeit, wird mit dem Namen Vater, Sohn und Geist ausgedrückt. Wir könnten auch Mutter sagen, Freundin oder Beistand.

Der Mensch kann nicht ohne Gott sein, selbst wenn er diese Tatsache ein Leben lang verdrängen sollte. Noch der Atheist, der Gottlose, beschäftigt sich mit Gott, obwohl er für ihn nicht existiert.

Gott kann nicht ohne den Menschen sein. Auch das will die christliche Religion zum Ausdruck bringen. Sie stellt die Kommunikation zwischen Gott und den Menschen her. Von Jesus heißt es deswegen: Er ist das Wort Gottes. Im Gebet richtet der Mensch seine Worte an Gott und gibt auf Gottes Zuspruch Antwort.

Der Gott in Beziehungen ist dennoch nur ein einziger Gott. Sein Leben ist so gefüllt, dass alle Farben und Bilder unserer Welt nicht ausdrücken können, wie er ist und was er alles ist. Wenn uns Jesus Christus, der Sohn Gottes, der Mensch für uns Menschen, ein „Leben in Fülle" verspricht, dann benennt er damit unser Ziel: Wir werden nach dem Tod mit Gott leben und sehen, wer, was und wie er ist. Die Religion erwartet die Kommunion, die Vereinigung mit Gott; eine Beziehung, die nie enden wird. Das Band für diese Beziehung ist die Liebe.

Jesus Christus ist kein Religionsstifter wie Buddha oder Mohammed. Seine Frohe Botschaft von Gott als dem Vater und dem kommenden Reich sollte nicht in einer Organisation untergehen. Er setzte eine Bewegung in Gang; deshalb wollte er keine Anhänger, sondern Nachfolger. Die Religion ist in der großen Gefahr, sesshaft zu werden und damit unfähig, Antworten auf die Entwicklung der Menschheit und ihren Fortschritt zu geben.

Die Religion ist der Wurzelgrund unseres Lebens. Nur sie kann den Sinn unseres Lebens deuten, uns Bedeutung geben und uns offen halten für spirituelle Erfahrungen. Es ist höchst sinnvoll, ein religiöser Mensch zu sein; die Religion gibt dem Menschen seinen Wert.

Der Mensch braucht Wurzeln

(nach Psalm 1)

„Wenn du traurig bist, musst du an Bäume denken.
Wenn du dann immer noch traurig bist,
musst du an die Kinder denken –
oder an die Bäume."

Denn der Mensch braucht Wurzeln wie die Bäume.
Er braucht Vertrauen wie ein Kind.
Deswegen braucht der Mensch Religion,
eine Bindung, eine Verbindung,
damit er einen Halt hat und eine Heimat.

Dann wird er nicht leicht entwurzelt,
nicht hin- und hergetrieben
von Stimmen und Stimmungen.
Der Wind verweht ihn nicht
und die Stürme des Lebens
können ihm nichts anhaben.

Wenn die Zweifel kommen
und die Angst ihn zu überwältigen droht,
wird er sich nach dem Wasser ausstrecken
wie ein durstiger Baum.
Seine Wurzeln werden neue Energie aufnehmen
im Fluss des Urvertrauens,
den Gott selber speist.
Er wird Frucht bringen,
wenn alles um ihn zu vertrocknen scheint.
Er wird einen Halt bieten,
wenn alle wie erschüttert sind.
Er wird den Weg weisen und mitgehen,
wenn alles aussichtslos erscheint.

Wer in Gott sicher steht,
wagt den ersten Schritt
zum großen Ziel.

Zum Nachdenken

- Was bedeutet Religion für mich
- Kann ich religiöse Erfahrungen benennen
- Kann ich mir vorstellen,
  mein Leben neu auszurichten
- Was denke ich über ein Leben „danach"

Eine Fürbitte

Das Wasser entspringt der reinen Quelle
und erfüllt alles mit Leben.
So soll mein Leben gefüllt sein mit Segen

Das Korn wächst aus der Erde
und reift zum Brot.
So möchte ich bekömmlich und nahrhaft sein.

Der Baum steht
verwurzelt auf festem Grund.
So wünsche ich mir einen festen Halt
und einen sicheren Stand.

Die Sonne geht für mich auf
wie ein Geschenk.
Darin erkenne ich meinen Wert:
Ich bin liebenswert.

2 Wie Jesus Christus lebte

Es gibt viele Religionen in der Welt. Wir kennen Muslime aus unserer Nachbarschaft, haben eine Ahnung von Hindus und Buddhisten, und wissen, dass das Christentum seine Wurzeln in der jüdischen Religion hat. Die Menschen aller Religionen suchen und finden einen Weg zu Gott.

Das Besondere am Christentum ist Jesus Christus. Durch ihn ist Gott auf die Menschen zugegangen. Jesus hat sich „der Weg" genannt.

Erstmals in Antiochien wurden die Frauen und Männer, die Jesu Botschaft folgten, Christen genannt. Vorher bezeichneten sie sich als „der neue Weg". Am Unterwegssein und Unterwegsbleiben werden Christen erkannt. Überall, wo das Christentum sesshaft wird, droht es zu erstarren.

In kritischen Zeiten der 2000-jährigen Geschichte der Kirche standen Menschen auf, um die Christenheit wieder auf die Spur des Evangeliums zu bringen. Gegen die Machtherrlichkeit und den Reichtum in der Kirche erhob sich Franz von Assisi und lebte die Gewaltlosigkeit und die Armut. Er ist ein Beispiel dafür, dass es die Kirche immer zu reformieren gilt.

Ein Christ ist einer, der Jesus Christus nachfolgt. Menschen überall auf der Welt, aus allen Schichten und Rassen versuchen, wie Jesus von Nazaret zu leben. Kraft dazu holen sie sich in seiner Bergpredigt, in der das ganze Evangelium zusammengefasst ist.

Das wahre Leben spielt sich ohnedies auf den Straßen ab, nicht in den Parlamenten, Kirchen oder Theatern. „Das Herz des Volkes Gottes schlägt dicht über dem Straßenpflaster", schreibt Bischof Jacques Gaillot, „und das Evangelium drängt die Menschen unaufhörlich, hinaus zu gehen und sich den chaotischen Vorstößen einer stets im Wandel begriffenen Gesellschaft zu stellen."

Der Bischof, der sich in Frankreich vor allem für die Ausgegrenzten einsetzt, lebt ganz aus der Herausforderung durch die Botschaft Jesu.

Die wesentlichen Impulse dieser Botschaft, die sich an alle Menschen ohne Unterschied richtet, sind: Setze dein Vertrauen auf Gott. Versuche das Böse durch das Gute zu überwinden. Schaffe Frieden ohne Gewalt und Waffen. Brich über keinen Menschen den Stab. Liebe sogar deine Gegner und Feinde. Sei eindeutig im Reden und im Handeln. Liebe Gott in deinem Nächsten.

Zum Glück gibt es in jeder Generation Christen aus allen gesellschaftlichen Schichten, von denen das vorgelebt wird. Sie freuen sich darüber, dass sie Gott in den Menschen begegnen, dass er sich auch heute noch auf der Straße kundtut. Deswegen haben Christen etwas dagegen, wenn unsere Leistungsgesellschaft nur die Sieger akzeptiert und die Verlierer unter die Räder kommen lässt.

Das alles zusammengefasst heißt: Gott lieben und den Nächsten wie sich selbst. Das ist glaubwürdig gelebtes Evangelium. Die Nachfolge Jesu muss von seinen Anhängern, den Christen, täglich neu erfunden werden. Denn die Welt, die Menschen und die Gesellschaft verändern sich ständig. Doch weil Jesus in der Gemeinschaft der Christen weiter lebt und durch seinen guten Geist auch in unserer Zeit wirkt, gibt es von ihm die Antwort auf die Herausforderung der Zeit.

Dennoch ist es nicht leicht, Christ zu sein. Weder in der Zeit der Verfolgung, noch in Zeiten der Ruhe und der Freiheit. Der Weg des Evangeliums führt immer gegen den Strom und gegen den Wind der Gesellschaft.

Gott missfällt das Unrecht

(nach Psalm 5)

Dein Segen, Gott, liegt auf dem Gerechten.
Gesegnet soll er sein und zum Segen
werden für alle, die nichts zu erwarten haben.

Deswegen ist Jesus Christus gekommen,
der Gesalbte, der Gesegnete des Herrn,
als Mensch für uns Menschen:

Ich will es nicht zulassen,
dass Ausländer gejagt,
Kinder sexuell missbraucht,
Frauen vergewaltigt,
Süchtige verachtet,
Arbeitslose verunglimpft,
Arme ausgegrenzt,
Alte abgeschoben,
Sterbende beseitigt,
Tote vergessen werden.

Durch Jesus Christus stehst du, Gott,
auf der Seite der Menschen,
auf der Seite der Gerechtigkeit.

Darum lass uns Freude finden an deinem Handeln
wie an unserem Tun.
Bestärke unsere guten Gedanken.
Hilf unserer Zivilcourage auf die Beine.
Lass uns nicht vor der öffentlichen Meinung
zurückweichen.

Dein Friede und deine Freude
soll von uns ausgehen
und der Hoffnung ein Gesicht geben,
das Gesicht Jesu,
der für uns Freund und Bruder ist.
Amen.

Zum Nachdenken

- Wie treffen auf mich diese Überlegungen zu
- In welchem Punkt kann ich mich Christ nennen
- Wo habe ich meine Defizite
- Was fällt mir am schwersten

Eine Fürbitte

Gott,
wenn ich träume,
lass mich an Verwirklichung denken.
Wenn ich sehe, wie es besser geht,
bringe mich zur Tat.
Lass dich
hinter meinen Sehnsüchten sehen,
dich in meinen Hoffnungen erkennen.
Segne alles,
was mich öffnet für dich.

Mit Jesus Christus auf du

Der Christ ist mit Jesus Christus per Du. Jesus ist eine unverwechselbare Person, keine Idee oder ein Idol. Er ist in der Geschichte fassbar und greifbar, das ist seine historische Seite. Dass Gott ihn als seinen Sohn bestätigte, macht seine spirituelle Seite aus.

Das Wichtigste, was wir über Jesus von Nazaret wissen, erfahren wir aus den vier Evangelien, deren Verfasser Matthäus, Markus, Lukas und Johannes genannt werden. Er mag 30 oder 35 Jahre alt gewesen sein, als er anfing, die befreiende Botschaft von Gott als seinem Vater zu verkünden und Menschen um sich zu sammeln, die sich von seiner ausgesprochenen Gottesnähe und Mitmenschlichkeit angesprochen fühlten.

Das Einzigartige am Christentum ist Jesus Christus. Er verwirklicht sich durch sein Wort und sein Handeln in allen Sprachen und Völkern. Aufgabe der Christen ist nicht, alle Welt zum Christentum zu bekehren, sondern den Menschen durch die Liebe, durch Gerechtigkeit und Friedensliebe zu dienen, und so die Frage aufkommen zu lassen: Warum tut ihr das? Was ist der Grund für euer Handeln?

Christen glauben und verkünden, dass Jesus ein Mensch wurde wie wir, dass er gestorben ist, aber – und das ist das völlig Neue – von den Toten auferstanden ist, und für immer bei Gott lebt. Und doch, auch das ist neu, wird er inmitten der Gemeinschaft der Christen als gegenwärtig erlebt und gefeiert.

Christen lassen sich vom Leben Jesu und seiner Botschaft begeistern und teilen durch ihr Leben allen anderen Menschen mit, dass er zum Weg, zur Wahrheit und zum Leben werden kann. Das eigentliche Gotteshaus für Christen – auch wenn sie wunderbare Dome und den Himmel stürmende Kathedralen gebaut haben – ist die Straße, der Platz, wo die Menschen sind.

Wo Jesus Menschen begegnete, heilte er Kranke, öffnete er Blinden die Augen, brachte Gelähmte zum Gehen, gab Stummen eine Stimme, befreite die Unterdrückten, schenkte jenen, die wie tot waren, neue Lebenskraft.

Er schenkte allen ohne Unterschied die Frohe Botschaft von Gott und seinem Reich. Diesem Vorbild versuchen Christen bis zum heutigen Tag zu folgen.

Jesu Botschaft stieß auf erheblichen Widerstand. Die religiösen Kreise bis hinauf zum Hohenpriester forderten deshalb von der römischen Besatzungsmacht das Todesurteil. Mit seinem Tod am Kreuz schienen zunächst alle Erwartungen seiner Jüngerinnen und Jünger illusorisch und ihre Hoffnungen zerstört. Die Enttäuschung war niederschmetternd.

Doch den Frauen und Männern wurde mehr und mehr bewusst, dass er lebt und dass er mit ihnen zusammen sein Werk weiterführen will. Dieser Glaube gab ihnen die Kraft, die Sache Jesu, sein Evangelium zu ihrer Sache, seine Frohe Botschaft zu ihrer Guten Nachricht zu machen.

Deswegen gibt es die Gemeinschaft der Christen, die wir heute Kirche nennen. In der Gemeinschaft lässt sich das Christsein leben, wie es Jesus gedacht hat: Im Teilen und Mitteilen des Evangeliums, im gemeinsamen Feiern, in der solidarischen Haltung zu den Mitmenschen in unmittelbarer Nähe, in der Mitverantwortung für die ganze Welt.

Jesus, der Mensch um uns

(nach Psalm 16)

Jesus Christus ist uns zum Weg geworden,
der Weg unseres Lebens.
Er geht uns voran.
Darüber freuen wir uns aus tiefstem Herzen.

Er lebt und wirkt in uns, durch uns.
Wo wir schwanken, bestärkt er uns.
Wo wir wanken, steht er an unserer Seite.
Wo wir stolpern, fängt er uns auf.
Wo wir fallen, hebt er uns hoch.
Wo wir am Boden liegen, beugt er sich zu uns herab.

Wir haben Jesus Christus vor Augen:
In den Frauen, die den Aidskranken pflegen,
in den Männern, die einen Hilfstransport fahren,
im stetigen Protest der Mütter
wegen ihrer verschwundenen Söhne,
in den Ärzten ohne Grenzen,
in den unschuldigen Opfern,
im Kampf der Nonnen
gegen Frauenhandel und Prostitution.

Wir haben Jesus Christus im Blut:
In der zärtlichen Umarmung eines Kindes.
Im leidenschaftlichen Spiel der Liebe.
In der Treue der Partner.
In der schützenden Hand über die Ehebrecherin.
Im selbstlosen Einsatz für den Frieden.

Erinnere uns Tag für Tag an deine Gegenwart.
Denn mit dir haben wir das Glückslos gezogen:
Selig,
die das Reich Gottes suchen
und seine Gerechtigkeit.
Alles andere, was sie brauchen,
wird ihnen dazu gegeben.

Amen.

Zum Nachdenken

- Meine Probleme mit Jesus
- Was stört mich am Evangelium
- Was imponiert mir am meisten
- Fragen an die Gemeinschaft der Christen

Eine Fürbitte

Darum bin ich Mensch geworden,
sagt Jesus:
Der Mensch
soll endlich menschlich werden.
In seinem Denken:
Jeder Mensch hat seinen Wert.
Im Handeln:
Jeder Mensch ist liebenswert.

Darum bin ich Mensch geworden:
Der Mensch
soll göttlich werden.
Das ist seine Bestimmung.
Das ist sein Ziel.
Dazu bin ich für euch
Mensch geworden:
Weg. Wahrheit. Leben.

4 Wer war Jesus Christus ?

Die geschichtliche Existenz Jesu von Nazaret muss hier nicht eigens nachgewiesen werden. Er hat gelebt: Um unsere Zeitenwende, die im 6. Jahrhundert nicht ganz genau berechnet werden konnte, ist er in Palästina geboren. Für Christen ist seither das Land am See Genesaret, am Jordan, in Jerusalem und Betlehem das Heilige Land. Wenigstens einmal in seinem Leben sollte der Christ die Erde berühren, über die Jesus gegangen ist. Trotz der Zerrissenheit in die verfeindeten Länder Israel und Palästina ist das Heilige Land für Christen wie eine kostbare Reliquie.

Weit wichtiger ist jedoch: Jesus erweist sich durch seine Botschaft als der freie Mensch, der nur Gott gegenüber verantwortlich ist. Er setzte gegen den Buchstaben das Herz, gegen die bloße Lehre das gefüllte Leben, gegen den Opferkult die Nächstenliebe.

Jesus glaubte und vertraute, dass Gott sein Vater ist, der ihn als Sohn in unsere Welt gesandt hatte. Er wagte es deshalb, Gott zärtlich „Abba" – Papa zu nennen. Als der Sohn wollte Jesus die Zuwendung und die Liebe Gottes zum Ausdruck bringen, vor allem gegenüber den Armen und Entrechteten. In dieser Liebe wollte er die Welt und die Menschen heimführen zu Gott, wo ihr Anfang und ihr Ende ist.

Deswegen setzte Jesus eine Bewegung in Gang. Er, der Sohn eines Handwerkers, der kein Priester und kein Theologe war, verkündete in Wort und Tat das Reich Gottes, das überall seinen Anfang genommen hat, wo Menschen glauben und auf das Wirken Gottes vertrauen.

Für die Menschen seiner Zeit verkündigte er dieses Reich vor allem unter dem Bild der Tischgemeinschaft: Alle – bis zu den Grenzen der Welt – sind zum großen Gastmahl Gottes eingeladen.

Jesus war kein Revolutionär, aber er nannte das Unrecht, die Ungerechtigkeit und die Gewalt beim Namen und verkündigte dagegen die Gewaltlosigkeit und die Feindesliebe. Seine Nachfolger sollten mit sich und allen Menschen im Frieden leben.

Der Friede entsteht in der Überzeugung Jesu durch eine Gerechtigkeit, die mehr verlangt als die Erfüllung von Geboten und Gesetzen.

Die Menschen, die ihm vertrauten, mussten sich bewusst sein, dass die von Gott geschenkte Freiheit ihre Konsequenzen hat. Jesus drückt das unter dem Wort aus: „Wer sein Leben liebt, wird es verlieren; wer es loslässt, wird es gewinnen." Die Freiheit des Glaubens will verbreitet werden.

Die Liebe nannte Jesus das einzige und das größte Gebot. Damit lehrte er kein neues Gesetz, verordnete nicht neue Gebote, sondern löste die vielen religiösen Bestimmungen in der Freiheit der Liebe auf. Alle Fragen der Menschheit wollte er in dieser Liebe beantwortet wissen; ihre Konflikte sollten sie in dieser Liebe lösen. Die Verkündigung der liebenden Freiheit brachte Jesus in den schärfsten Widerspruch nicht nur zur Priesterkaste seiner Zeit.

Jesus zog sich nicht aus der Welt zurück. Er lebte mit allen Sinnen, feierte und trauerte mit den Menschen, teilte ihr Leid und ihr Glück. Jesus war Gott näher als die Priester im Tempel, die den Menschen oft unerträgliche religiöse Lasten aufluden. Seine Liebe übertraf jedes moralische Gesetz, das die wahre Gottesbeziehung oft mehr als behinderte. Seine neue Bewegung stellte jede Revolution in den Schatten, ohne dass Jesus Menschen zu Opfern gemacht hätte. Er predigte nicht den Umsturz, sondern die Veränderung von innen heraus, die Verwandlung der Herzen.

Seine Nähe

(nach Psalm 15)

Deine Nähe suchen wir.
Deine Zuwendung tut uns gut.
Du hast uns eine Brücke gebaut,
über die wir gehen können.
Liebe steht auf jedem der Steine,
von denen die Brücke getragen wird.

Wer tröstet und sich trösten lässt,
wer berührt und sich anrühren lässt,
wer leidet und mitleiden kann,
wer teilen und mitteilen will,
wer singt und tanz und feiert,
und keinen ausschließt:
Der wird Seine Nähe erfahren.

Wer Ja sagt, wenn er Ja meint.
Wer Nein sagt, wenn er Nein denkt.
Wer sich nicht die Hände schmutzig macht
im Geschäft und in der Politik.
Wem das Gewissen wichtiger ist
als eine weiße Weste vor den Menschen.
Wer andere nicht ausbeutet durch Zins und Zinseszins.
Wer den Verstand nicht wissen lässt,
was das Mitgefühl tut.
Der wird Seine Nähe erfahren.

Wer zu seinen Fehlern stehen
und seine Schattenseiten lieben kann.
Wer Rückschläge nicht dramatisiert
und Misserfolge nicht wie ein Schicksal nimmt,
wer nicht für Erfolg um jeden Preis kämpft
und sich den Hunger und Durst
nach der Gerechtigkeit bewahrt.
Der weiß um Seine Nähe.

Zum Nachdenken

- Wie sieht mein Vertrauen zu Gott aus
- Was berührt mich an Jesus besonders
- Welche Konsequenzen hat die Freiheit Jesu
- Was beeinflusst meine Gewissensentscheidung

Eine Fürbitte

Jesus,
du bist der Weg
und bewegst uns zum Guten.
Bringe mich auf den Weg zu den Menschen,
damit ich ihre Not sehe,
auf die Klage höre,
ihr Elend verstehe.

Bringe mich auf den Weg zu Gott,
wenn ich die Not löse,
die Klage in Einsicht wandle,
das Elend mittrage,
ein Stück Himmel auf die Erde bringe.

5

Jesus verkündet Gottes Reich

Der Auftrag und die Sache Jesu ist die Ansage des Reiches Gottes. Er verkündet es den Menschen unter vielen Bildern und Geschichten. Er hat das Reich Gottes nicht feierlich proklamiert; er hat es gelebt: Die Zukunft gehört Gott, der sich auf die Seite des Menschen stellt.

Niemals vorher in der Menschheitsgeschichte gab es eine solche Botschaft.

Dieses Reich ist im Kommen, und viele bauen daran mit, denn es entsteht nicht nur unter den Menschen, es entsteht auch durch die Menschen, die ihr Vertrauen auf Gott setzen. Es liegt an den Menschen, wie schnell dieser Prozess voranschreitet und die Herzen ergreift, bewegt und verwandelt.

Gottes Reich ist ein Geschenk, das jedem Menschen zuteil wird, der den Willen Gottes erfüllt. Was aber ist der Wille Gottes? Gott will das Glück des Menschen.

Jesus macht diesen Willen Gottes in seiner Bergpredigt deutlich und bestätigt ihn mit den Zeichen, die uns in den Heilungsgeschichten überliefert sind.

Die Seligpreisungen, wir können sie auch als Glückwünsche verstehen, wenden sich an Menschen, die nicht gerade auf der Sonnenseite des Lebens stehen.

Bis zum Kommen Jesu waren sie für die Religion ohne Bedeutung. Schlimmer noch, sie wurden als „Sünder" bezeichnet, die von jeder religiösen Betätigung ausgeschlossen sind.

Hinter dem Willen Gottes stehen nicht ein Glaubenssatz oder ein Gesetz, die es zu halten oder zu erfüllen gilt, sondern seine Zuwendung zu allen Menschen.

Wo es uns also gelingt, Einsamkeit aufzubrechen, einer allein erziehenden Mutter eine Wohnung zu besorgen, einen Arbeitsplatz zu schaffen oder zu erhalten, eine muslimische Familie in die Hausgemeinschaft aufzunehmen, einem Aidskranken ohne Vorurteil zu begegnen, wird Gottes Reich sichtbar.

Die Zukunft des Reiches Gottes verweist uns radikal in die Gegenwart. Ein Christentum, das inmitten des Elends und der Not der Welt auf kommende herrliche Zeiten vertröstet, kann dafür nicht das Evangelium in Anspruch nehmen. Die Welt und die Gesellschaft sollen in Richtung Frieden durch Gerechtigkeit verändert werden. Der richtige Augenblick für das Reich Gottes ist immer jetzt.

Die Kirche, die im Laufe der christlichen Geschichte aus einzelnen Gemeinden der Christen entstanden ist, darf nicht mit dem Reich Gottes verwechselt werden. Die Kirche ist vorläufig. Weil sie von dieser Welt ist, hat sie auch unter ihren Schattenseiten zu leiden.

Heilig ist die Kirche nur dadurch, dass sie auf das Heilige, dass sie auf das Reich Gottes hinweisen darf. Deswegen kann sie diesem Reich nicht im Wege stehen. Sie muss immer damit rechnen, dass sie anfällig ist für die Sache dieser Welt und damit auch für alles, was in dieser Welt wichtig scheint.

Manchmal hat es den Eindruck, als sei durch die Kirche mehr Unheil als Heil in diese Welt gekommen. Doch die große Aufgabe ist ihr geblieben: Die Kirche bildet die Gemeinschaft der Menschen, die sich mit Leib und Seele für das Reich Gottes und damit für die Menschen einsetzen. Das geschieht bereits dort, wo zwei oder drei im Geist Jesu handeln.

Noch einmal: Jesus hat keine Kirche gegründet. Er hat das Reich Gottes in unsere Welt gebracht. Doch vieles, was wir in der Gemeinschaft der Glaubenden tun können, lässt dieses Reich wachsen und Ansehen gewinnen zum Heil der Menschen.

Recht schaffen

(nach Psalm 26)

Wenn ich sonst nichts glaube,
das eine ist mir gewiss:
Wenn es einen Gott gibt,
dann sorgt er sich um das Recht für die kleinen Leute,
vertraut er uns die Gerechtigkeit an.
Denn seine Welt
ist Friede durch Gerechtigkeit.

Doch ich sehe nur Ungerechtigkeit:
Die Reichen werden immer reicher,
die Armen sind die Dummen.
Die Kleinen hängt man, heißt es,
die Großen lässt man laufen.

Ich suche einen Ort, wo ich mich aufgehoben weiß,
einen Raum, in dem ich mich geborgen fühle.
Dein neues Reich, Gott, kommt auf mich zu,
wo ich nicht gemeine Sache mache
mit denen, die auf der Seite von Lug und Betrug stehen.
Wo ich mich nicht anpasse
den Spöttern und Lästerern,
wo ich mich nicht einlasse auf die billige Tour,
den Mitmenschen das Vertrauen zu stehlen
und ihnen ihr Geld aus der Tasche zu ziehen.

Diese andere Einstellung schenke mir,
den Versuchungen zum Trotz,
dein Reich verwandle mich und mein Leben.
Dann werde ich mit neuen Lebensaussichten beschenkt,
meine Hoffnung reicht weiter als bis zum nächsten Tag.
Alle Lasten sind mir abgenommen,
deine Wege, guter Gott, liegen gerade und eben vor mir.

Mein Innerstes stimmt ein Lied an,
mein Herz fängt an zu singen:
Es ist schön,
Mensch zu sein in deinem Reich.

Zum Nachdenken

- Verwechsle ich Kirche mit Reich Gottes
- Benenne die Schattenseiten der Kirche
- Wo stehe ich mit meinem Gerechtigkeitssinn
- Spiele ich eine aktive Rolle für den Frieden

Eine Fürbitte

Befreie,
verzeihender Gott,
deine Kirche
von der schweren Last der Geschichte.
Lass sie nicht ständig rückwärts sehen,
oder ängstlich in die Zukunft blicken.

Hilf ihr,
auf das Heute zu achten,
das Jetzt zu erkennen,
die Menschen zu sehen.

Dann werden sie kommen
und nicht mehr abseits stehen.
Sie machen die Kirche
zu einem Fest.

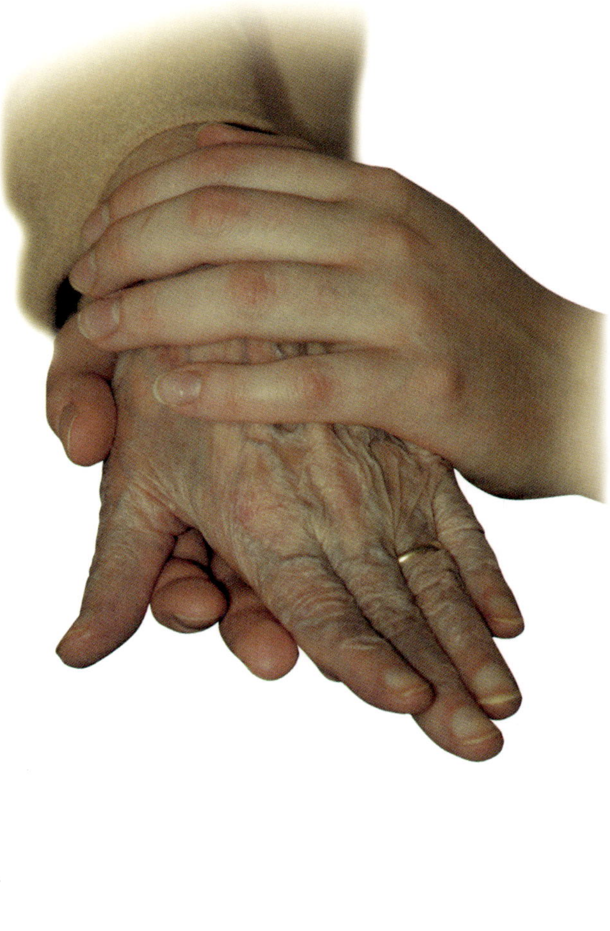

6 Lieben statt herrschen

Weil es Jesus um den Menschen ging, hat er sich in Wort und Tat gegen die religiösen Gebote und Gesetze seiner Zeit aufgelehnt. Alle Gebote, sagt er, sind um des Menschen willen da. Um das zu zeigen, hat er bewusst religiöse Vorschriften übertreten. Jesus hat sich mit diesem Verhalten die Priesterschaft zu erbitterten Feinden gemacht.

Dem Wortsinn nach heißt übertreten, einen anderen Weg suchen und gehen. Diesen neuen Weg ist Jesus gegangen. Wer heute Christ ist, muss oft genug ausbrechen und seinen Weg suchen.

Jesus zeigt das in seiner Stellung zum Sabbat. Dieser siebte Tag war das Heiligste, das die Juden kannten. Bewusst heilt Jesus am Sabbat einen Gelähmten, um zu zeigen: Alle religiösen Gesetze stehen im Dienst des Menschen oder sie sind vor Gott nichts wert.

Der andere Weg Jesu heißt schlicht und einfach Dienst; es ist ein Dienst, der in Liebe getan wird.

Jesus geht auf Augenhöhe zu den Menschen. Seinen Dienst gerade an denen, die nichts zu erwarten hatten, stellt er gegen die Herrscher, die Macht über Menschen, über ihr Gewissen und damit über ihre Seelen ausüben möchten. Auch die Religion konnte dieser Versuchung, damals wie heute, nicht immer widerstehen.

Die Losung, die Jesus ausgibt, lautet deswegen: „Bei euch soll es nicht so sein wie bei den Mächtigen der Welt!" Das Reich Gottes steht im Widerspruch zu den Realitäten unserer Welt.

Der Maßstab, den Jesu beim Denken und Handeln anlegt, ist die Liebe. Eine Liebe, die keinen Menschen, nicht einmal den Gegner oder einen Feind ausschließt.

So einfach, aber auch so schwer ist das mit dem Reich Gottes. Denn die Liebe hat eindeutige Konsequenzen: Jesus will den Dienst ohne jede Rangordnung, denn sehr schnell kann auch das Dienen als Herrschaft missbraucht, ein Opfer zum Druckmittel werden.

Für Jesus gibt es kein Oben und kein Unten. Nach seinem Willen dürfte es in der Kirche auch keine Spaltung in Kleriker und Laien geben und damit auch keine Hierarchie. Im Licht des Evangeliums ist die „heilige Herrschaft" ein Widerspruch: „Ihr alle seid Schwestern und Brüder", sagt Jesus deswegen ausdrücklich.

Vieles, was Menschen für die Praxis der Religion ersonnen haben, stellt Jesus auf den Kopf: Er sagt zum Beispiel: „Leistet dem Bösen keinen Widerstand!" Er will nicht, dass Unrecht mit Ungerechtigkeit, dass Gewalt mit Gegengewalt vergolten werde, sonst dreht sich die Spirale des Bösen und es wird immer mächtiger.

In unserem Verhalten soll die Zuwendung, die Güte und das Erbarmen Gottes aufscheinen, denn Gottes Vergebung wird ohne Vorleistung geschenkt. Damit setzt Jesus den Einfluss und die Macht der Priester seiner Zeit außer Kraft. Sie hatten das Recht auf Vergebung für sich allein, oft genug unter finanziellen Bedingungen, in Anspruch genommen. Diese Entmachtung der Priester durch Jesu sollte uns zu denken geben.

Der neue, der andere Weg Jesu ist ein prophetischer Weg: Wer ihn mitgeht, braucht eine klare Sicht der Dinge. Er muss den Mut haben, der herrschenden Meinung (auch in der Kirche) Widerstand zu leisten, wo sie dem Evangelium nicht entspricht. Diese Haltung soll in aller Demut und Gelassenheit geschehen und für Korrekturen offen bleiben.

Die Macht des Dienens

(nach Psalm 50)

Einer
hat sich herab gebeugt
und seinen Freunden die Füße gewaschen:
ein zärtlicher Dienst,
der ihre Herzen verwandeln konnte.

Zwölf
haben sich aufgemacht,
um der Welt zu verkünden:
Unter euch soll es nicht so sein
wie bei den Machthabern der Welt:
Eine Frohe Botschaft,
die die Menschen verändern könnte.

Zwölf mal zwölf
haben sich anrühren lassen
und sind bis an die Grenzen der Erde gezogen,
um durch ihr Leben diese Botschaft zu bezeugen.
Weil sie dienten statt zu herrschen,
hat der Namenlose einen Namen,
der Einsame ein Du,
der Kranke einen Arzt,
der Sterbende einen Tröster.

Tausend mal tausend mal tausend
sind ihrem Beispiel gefolgt.
Weil ihr Dienst Gottesdienst war,
leuchtete dein Angesicht
noch hinter den Tränen eines Kindes,
vor der Scham einer Vergewaltigten,
über der Trauer eines Verlassenen,
unter der Einsamkeit der Alten.

Zwölftausend mal zwölftausend mal zwölftausend
sind es und mehr,
die das Evangelium in Bewegung gebracht hat.

Zum Nachdenken

- Wie stehe ich zur Gewalt
- Wo beeinflusst Druck und Zwang mein Leben
- Kann ich zu anderen auf Augenhöhe gehen
- Wo beginnt für mich ein alternatives Leben

Eine Fürbitte

Es ist nicht leicht, Gott,
dein Gesicht
noch im Gesicht eines Alkoholikers
zu sehen.
Es ist schwer,
dich unter dem Geruch
eines Obdachlosen zu erkennen.
Es ist unangenehm,
einem, der „anders" ist,
die Hand zu geben.

Dennoch will ich versuchen,
zu Menschen
auf Augenhöhe zu gehen,
die mich brauchen.

Jesus will freie Menschen

7

Christ sein und frei sein – das erscheint wie ein großer Widerspruch, nicht nur in der Sicht von heute. Bestimmt Jesus mit seiner Botschaft, selbst wenn sie Frohe Botschaft genannt wird, nicht über das Leben der Menschen, wenn auch auf neue, andere Art und Weise?

Dieses Vorurteil erfüllt sich in der Kirche, wir wollen es nicht verschweigen: Christen werden, selbst in Bereichen, in denen sie kompetent sind, zum Beispiel in der Sexual- und Ehemoral, wie unmündige Kinder gehalten.

Die „Oberhirten" tragen nicht nur die Sorge für die „Herde", sie wollen auch alle Entscheidungen an sich ziehen. Das zweite Vatikanische Konzil betont dagegen die Freiheit des Gewissens und damit die persönliche Verantwortung vor Gott und den Menschen.

Über viele Generationen hat die Kirche die Menschen in Unfreiheit gehalten; sie hat darüber bestimmt, was richtig und falsch ist. Weit schlimmer noch war es, dass die Kirche sich höchst selten zu ihren eigenen Irrtümern bekannt und sich für ihre Fehler entschuldigt hat.

Deswegen hat die Glaubwürdigkeit der Kirche gelitten; ihr Anspruch, moralisches Gewissen der Welt zu sein, wurde fragwürdig. Wegen der oft unmenschlichen Sexualmoral wurden viele Christen um ein gutes Gewissen und um die Lebensfreude gebracht.

Jesus ist der freie Mensch. Seine Verkündigung beginnt mit einer Einladung und mit einer Aufforderung. Jesus droht nicht und erzwingt nicht. Er will, dass Menschen erst einmal eine Zeit lang mit ihm gehen, bevor sie sich für seinen Weg entscheiden. Es lässt den Menschen ohne jeden Vorwurf die Freiheit, ihn zu verlassen, um einen anderen Weg einzuschlagen.

Weil Jesus der freie Mensch war – diese Freiheit war in seiner Zeit völlig ungewöhnlich – bescherte er denen, die rigoros über das Gesetz wachten, große Unsicherheit und machte ihnen Angst. Diese Angst ist letztlich der Grund dafür, warum Jesus aus dem Weg geschafft werden sollte.

So lange ein Mensch noch Angst hat, ist er nicht wirklich frei. Wer dem Evangelium folgen will, muss wissen, dass das etwas kostet.

Die Freiheit ist nie zu herabgesetzten Preisen zu bekommen. Nicht Geld ist gemeint, sondern der persönliche Einsatz, der manchmal sogar im eigenen Lager – in der Kirche – missverstanden und verurteilt wird.

Diese Freiheit Jesu ist in unserer Gesellschaft eine große Chance. Sie lässt nicht zu, dass das Evangelium in Kirchenmauern eingeschlossen oder in Sakristeien versteckt, sondern offen auf die Straße gebracht wird. Jesus verschwindet nicht zwischen den Buchdeckeln der Bibel, er ist für alle verfügbar.

Die Zukunft des Christentums liegt buchstäblich auf der Straße, wo die Menschen sind. Das lässt Bischof Jacques Gaillot schreiben: „Das Herz des Volkes Gottes schlägt dicht über dem Straßenpflaster und das Evangelium drängt die Menschen, unaufhörlich hinaus zu gehen..."

Wer erlöst, wer befreit ist, kann andere befreien. Der Christ vertraut auf den Lebenseinsatz Jesu und weiß: Es ist alles schon gerichtet.

Befreite befreien

(nach Psalm 40)

Mit der Freiheit ist es so eine Sache.
Freiheit wozu?
Ich bin so frei
und muss mich entscheiden.
Ich bin so frei
und soll wählen.
Ich bin so frei
und weiß nicht, wozu?

Befreie mich, Gott, von dieser Freiheit,
die mich zwingt,
ständig zu wählen, auszuwählen, zu entscheiden.
Vor lauter Freiheit bin ich gefangen
von Meinungen und Stimmungen,
von Trends und Moden,
von der Behauptung:
Das machen alle so!

„Zur Freiheit der Kinder Gottes hast du uns befreit."
Wer diese Freiheit angenommen hat, ist frei.
Wer befreit ist, kann befreien.
Aus dummer Rechthaberei.
Aus bloßer Gesetzestreue.
Aus unkritischer Abhängigkeit.

Wer befreit ist, kann befreien.
Aus Missverständnis und Aberglauben.
Aus eigennütziger Selbstsicherheit.
Aus reiner Leistungsfrömmigkeit.
Aus falscher Opferbereitschaft.

Gott, du unser Befreier:
Wir sind so frei!

Zum Nachdenken

- Von was oder von wem bin ich abhängig
- Vielleicht neige ich zu Suchtverhalten
- Wo beweise ich Zivilcourage
- In welchen Punkten lasse ich mich nicht kritisieren

Eine Fürbitte

Was kann ich denn tun?
Das soll für mich keine Frage sein
sondern eine Aufforderung.
Das soll für mich keine Ausrede sein
sondern eine Ermunterung.

Danken will ich.
Für das Geschenk der Freiheit,
und diese Dankbarkeit
soll alle lösen,
die sich wie gefangen fühlen
oder blockiert sind.

8 Gott der Vater aller Menschen

Ein Mensch aus der untersten Schicht, ohne besondere Ausbildung, ohne Unterstützung seiner Familie, beargwöhnt von der herrschenden Kaste und dem Volk, ohne Geld und Ansehen, begleitet von einer Handvoll Frauen und Männer, letztlich auch armselige Leute wie er selber, verkündet Gott auf eine ganz neue Weise. Er sagt: Gott ist der Vater aller Menschen.

Deswegen halten die einen Jesus, den Mann aus Nazaret, für einen Irrlehrer. Andere sagen, er ist ein falscher Prophet. Wieder andere beschuldigen ihn, ein Gotteslästerer zu sein. Denn, so behaupten sie: Dieser Jesus aus einem unbedeutenden Dorf predigt einen anderen Gott.

Der Gottesglaube Jesu hat Konsequenzen für die Religion. Gott ist nicht mehr nur für die Frommen, die Privilegierten und die Rechtgläubigen da. Auf einmal ist er der Gott der Kritischen, der Querdenker, vor allem der Gott der Leute auf der Straße. Und, was besonders wichtig ist: Gott ist ohne Vorbedingung, ohne religiöse Leistung und ohne Geld zu haben. Jesus sagt: Armen wird die Frohe Botschaft verkündigt.

Er beruft sich in seiner Predigt auf den Gott der Väter in allem, was er tut und was er sagt. Damals wie heute geht es um den wahren Gott. Es geht um einen Gott, von dem Jesus zu sagen wagte: ‚Was ihr einem der geringsten Menschen getan oder nicht getan habt, das habt ihr mir getan." Gottesdienst und Menschendienst setzt er damit gleich. Nicht nur für die Ohren seiner Zeitgenossen ist das eine Ungeheuerlichkeit, weil er vieles in Frage stellt, auch den aufwändigen Opferkult im Tempel.

Der Glaube Jesu an Gott als seinen und unseren Vater bewirkt geradezu eine Revolution im Gottesverständnis. Für die Menschen seiner Zeit ist der Gott Jesu nicht ein Gott der Rechtgläubigen, sondern der Gottlosen, der Außenseiter. Damals waren das die Tagelöhner, die Hirten und alle, die mit der römischen Besatzungsmacht zusammenarbeiteten. Heute sind es die Geschiedenen, die Homosexuellen.

Jesu Anrede „Vater" ist ungewöhnlich. Wir begegnen einem „neuen Gott", wir erfahren einen, auf den die kleinen Leute schon immer gewartet haben. Wir hören von einem Gott, der sich den Menschen wie ein Vater und eine Mutter zuwendet und sie begleitet, selbst noch durch Leid, Sterben und Tod. Ein Gott, der von sich sagt: „Wenn dich Vater und Mutter vergessen sollten, ich vergesse dich nicht!"

Wenn wir von Jesus sprechen, werden wir auch von seinem Vater sprechen müssen. Wie wir mit Jesus umgehen, wird entscheidend dafür sein, für wen wir Gott halten, wie wir zu Gott stehen, kurz: welchen Gott wir haben. Ob es der Rächergott ist oder der Gott der Liebe.

Erneut wird deutlich, dass unser Gott ein Gott der Beziehungen ist. Er hat sich uns geöffnet. Er hat seinen Sohn in unsere Welt gesandt und begleitet uns mit seiner Energie, die wir Heiliger Geist nennen: Kraft Gottes für das Leben.

Gott und Menschen sind auf geheimnisvolle und liebende Weise miteinander verbunden, so dass wir mit den Worten Jesu beten können: Vater unser. Ein Gebet, das zum Grundbestand, zur eisernen Ration unseres Glaubens gehört und die Christen in der ganzen Welt eint.

Lasst uns Gott suchen

(nach Psalm 63)

„Gott, du mein Gott, ich suche dich."
Gott, wir suchen dich
mit allen Fasern unseres Herzens.

Lass uns hinter deine Schliche kommen.
Lass uns deine Spur finden.
Zeige uns die Richtung und den Weg.
Führe uns zum Ziel.

„Gott, du mein Gott, ich suche dich."
Gott, wir suchen dich
mit allen Fasern unseres Herzens.

In unseren schlaflosen Nächten.
In den Zweifeln, die an uns nagen.
In den Ängsten, die nicht vergehen wollen.
In unseren spöttischen Reden.
In unseren Versuchen, zu glauben.

Hörst du eigentlich, was wir fragen?
Weißt du, was uns bewegt und bedrängt?
Achtest du auf unsere Sehnsucht?
Bemerkst du unsere Trauer?

„Gott, du mein Gott, ich suche dich."
Gott, wir suchen dich
mit allen Fasern unseres Herzens.

Sagt nur ein Wort, Vater!
Ich lasse mich finden, bevor ihr mich sucht.
Ihr könnt mich erfahren in eurer Liebe.
Ihr werdet mich entdecken mit euren Sinnen.
Alles bin ich doch für euch:
Vater und Mutter, Freundin und Trost.

Zum Nachdenken

- Welche Erinnerung habe ich an die Eltern
- Was gilt es da noch zu lösen
- Bete ich bewusst das Vater unser
- Welche Konsequenzen müsste ich ziehen

Eine Fürbitte

Manchmal ist mir,
als hätte ich kein Zuhause,
als gäbe es keinen,
der mir ein gutes Wort sagt
oder mich in den Arm nimmt.

Manchmal fühle ich mich einsam,
von allen guten Geistern verlassen,
als wäre da niemand,
der mit mir das Leben teilt.

Manchmal sehne ich mich
nach einem Vater,
wünschte mir eine Mutter.
Doch, Gott, wenn du mir bleibst,
will ich zufrieden sein.

Die Tischgemeinschaft Jesu

Unser Essen ist von einer reichen Symbolik umgeben. Nicht von ungefähr hat Jesus Brot und Wein, das Essen und Trinken, in die Mitte seiner Verkündigung genommen. Die Tischgemeinschaft ist das Herzstück der jungen Jesusbewegung; es ist auch das wesentliche Zeichen, an dem Christen erkannt werden. Die Tischgemeinschaft mit Jesus nennen wir heute Abendmahl oder Eucharistie.

Aus der Tradition seines Volkes heraus entwickelte Jesus einen neuen Stil des Miteinander-Essens. Mit wem man isst, sagt viel darüber aus, mit wem wir nicht essen wollen. Diese Ausgrenzung macht Jesus nicht mit: Er unterscheidet nicht zwischen Würdigen und Unwürdigen, er trennt nicht die Frommen von den Sündern.

Brot und Wein sind nach unserem Glauben Jesu Leib und Leben. Er hat sich zur „Wegzehrung", zur Brotzeit für die Menschen auf der Straße gemacht. Wer sich auf Jesu Leben einlässt, ist bereit, sich verwandeln zu lassen, wie Brot und Wein sich wandeln. Er erkennt: Die Eucharistie hat lösende, erlösende Kraft.

Alle sind an Jesu Tisch eingeladen. Während der gemeinsamen Mahlzeiten kündigte Jesus das Reich Gottes an. Schon deswegen ist es wichtig, zu sehen, dass er mit allen Menschen ohne einen Unterschied gegessen hat. Er hat eingeladen, er hat sich einladen lassen. Er begegnete dabei den Einflussreichen wie den Unbedeutenden, aß mit denen, die sich für Fromme hielten, und solchen, die „Sünder" genannt wurden.

So wichtig war für Jesus das gemeinsame Essen, dass ihn seine Gegner als Fresser und Säufer beschimpften und ihm vorwarfen, mit dem Abschaum der Gesellschaft gemeine Sache zu machen.

Wer mit Jesus isst und trinkt, wird Jesu neue Sozialordnung übernehmen. Das Zeichen des Brotes verpflichtet zum Teilen, und jeder spürt instinktiv, was Brotteilen zu bedeuten hat. Wenn wir die gleiche Nahrung miteinander teilen, verspüren wir nicht nur die einigende Kraft; sie fordert zur Solidarität heraus.

„Brotbrechen" nannten die ersten Christen ihre gemeinsamen Feiern, die sie in den Häusern reihum hielten. Sie sorgten dafür, dass alle satt wurden und genügend zum Leben mit nach Hause bekamen. Ihre Umgebung urteilte: „Seht, wie die Christen einander lieben."

Wer die offene Tischgemeinschaft Jesu als Mittel zur Ausgrenzung missbraucht, handelt gegen den Willen und den Geist Jesu. Schließlich sollen am gemeinsamen Tisch die gestörten Beziehungen geheilt werden: Wer nicht mitessen darf, wird bald nicht mehr zur Gemeinschaft zählen wollen. Die Solidarität mit den Außenseitern muss die Kirche neu lernen, wenn sie Jesus gerecht werden will.

Von Anfang an haben die Christengemeinden daran geglaubt, dass Jesus unter den Zeichen von Brot und Wein gemäß seiner Worte „das ist mein Leib" und „das ist das Blut des neuen Bundes" gegenwärtig ist; wie in der Gemeinschaft der Versammelten selbst. In jeder Eucharistiefeier erfüllt sich sein Versprechen: Ich bleibe bei euch bis ans Ende der Zeiten. Ich schenke euch mein Leben, meine Energie. Das sollt ihr feiern, so oft ihr zum Gottesdienst zusammenkommt.

Ein Hochgebet

(nach der Lima-Liturgie)

Wir danken dir, Heiliger Vater, in dieser Gemeinschaft.
Wir loben und preisen deinen Namen
überall auf der Erde.
Durch dein lebendiges Wort hast du alles geschaffen
und siehe.
Den Menschen hast du gemacht,
dass er leben sollte aus deinem Leben.
Dein Erbarmen und deine Güte sollte er widerspiegeln.
Als die Zeit erfüllt war, hast du deinen Sohn gesandt.
Du gabst uns Christus als das Leben der Welt.
Er kam in unsere Welt,
um den Armen das Evangelium zu verkünden.
Er hat uns zu dieser Feier eingeladen,
um ihn unter den Zeichen von Brot und Wein
zu empfangen.
Im Kreis der Seinen
setzte er ein Zeichen seiner Gegenwart für alle Zeiten.
Er nahm zunächst das Brot und sagte,
das ist mein Leib.
Dann auch den Kelch mit Wein: Das ist mein Blut
für euch.
Wir feiern in dieser Gemeinschaft
das Gedächtnis unserer Erlösung und bitten dich,
Vater:
Sieh auf den Weg, den dein Sohn für uns gegangen ist.
Sieh auf sein Leben unter uns Menschen,
auf seine Güte und Liebe:
Sie zeigt sich in dem Mahl
mit jenen Frauen und Männern,
die ihm nachgefolgt sind.
Sieh auf seinen Tod für uns,
vor allem aber auf seine Auferstehung,
weil sie für uns die Verheißung des Lebens ist.
Wie du das Leben deines Sohnes angenommen hast,
so nimm auch uns an mit unserem Dank für die Gaben,
die du uns geschenkt und gesegnet hast.
Erfülle uns mit dem Heiligen Geist,
damit wir ein Herz und eine Seele werden
zum Lobe deiner Herrlichkeit.

Gedenke, Herr, der Kirche überall auf der Erde.
Offenbare ihre Einheit, wache über ihren Glauben
und erhalte sie in Frieden.
Achte, Herr, auf alle Frauen und Männern,
die dir in dieser Gemeinde dienen,
und gedenke aller,
die uns im Glauben vorangegangen sind,
und unserer Kinder und Kindeskinder,
damit wir dich mit allen Menschen
guten Willens loben.

Amen.

Zum Nachdenken

- Mit wem teile ich das Brot
- Wie sehe ich mich als Gastgeber
- Wen lade ich grundsätzlich nie ein
- Haben es Menschen schwer mit mir

Eine Fürbitte

Wir sind an deinen Tisch geladen,
um miteinander zu essen,
uns auszutauschen,
um miteinander zu trinken,
die Freude zu teilen.

Gib unserem Tun einen Sinn,
damit wir ein Herz und eine Seele sind,
wenn wir dich essen und trinken.

10 Jesu gewaltsames Ende

Der Tod Jesu am Kreuz war die Konsequenz für seine Art zu leben, über Gott und die Welt zu reden.

Er hatte die Priesterkaste, die um ihren Einfluss, um ihre Macht wie um ihr Geld fürchten musste, bis aufs Äußerste provoziert. Die römische Besatzungsmacht sah in Jesus einen gefährlichen Unruhestifter.

Nach der religiösen Vorstellung seiner Zeit wurde mit dem schändlichen Tod Jesu Anspruch widerlegt. Sein Evangelium hatte sich als Irrtum, sein alternativer Weg als falsch und gottlos erwiesen. Wer am Kreuz stirbt, ist nach der Überzeugung der Priester und des ganzen Volkes von Gott verflucht.

Für die Menschen war Jesus damit gescheitert. Die Buchstaben des Gesetzes hatten – so der Anschein – über den Geist der Gerechtigkeit gesiegt.

Mit dem Tod am Kreuz sollte alles, was Jesus gesagt und getan hatte, ein für allemal erledigt sein. Die einzigartige Gottesverbundenheit, von der Jesus gesprochen hatte, erwies sich für die Zuschauer des blutigen Geschehens als totale Gottverlassenheit. Er, der das Reich Gottes als nahe verkündigt hatte, wurde in das Reich des Todes verwiesen. Mit seiner Person gab es auch das Evangelium nicht mehr. Die Welt konnte zur Tagesordnung übergehen. Das war der Stand des Karfreitags.

Doch zur großen Überraschung der Machthaber war mit seinem Tod nicht alles aus. Noch am Kreuz gibt Jesus zu verstehen, dass ihn die Liebe retten wird. Er verzeiht seinen Henkern, die nicht wissen, was sie tun. Wir sind nicht geschaffen, um zu hassen, sondern zu lieben, sagt er noch in seiner letzten Stunde und zeigt damit, dass nicht der Tod, sondern die Liebe das letzte Wort hat.

Durch die Liebe bekommen Leiden, Sterben und Tod der Menschen ihren Sinn. Jesus selber hat das Leid nie gesucht, er hat es bekämpft, wo immer er konnte. Wo es zu tragen und zu ertragen war, hat er es auf sich genommen.

Obwohl Jesus ein Opfer der Menschen wurde, die er liebte, hat er nie einen Menschen zum Sündenbock oder Opfer gemacht. Mehr noch: durch seine Hingabe hat er alle Opfer, die Menschen je einem Gott dargebracht haben, überwunden: Gott will keine Opfer. Er setzt auf den Glauben und auf das Herz der Menschen.

Unser Glaube vertraut darauf: Der Tod ist Durchgang zu Gott. Wir werden in der neuen Welt Gottes die größte Wirklichkeit, die ein Mensch je erleben kann, erfahren. Dann sind wir am Ziel.

Das ist der Stand von Ostern.

Verlassenheit

(nach Psalm 22)

„Mein Gott, mein Gott,
warum hast du mich verlassen?"
Weißt du, wie ich mich fühle,
als sie mich verlassen hat?
Ahnst du, wie es mir zu Mute ist,
da ich hören musste, „der ist für uns gestorben"?
Der Mund ist trocken, das Schlucken fällt mir schwer,
ich finde kaum Luft zum Atmen.

„Mein Gott, mein Gott,
warum hast du mich verlassen?"
Ich suche nach einem Halt,
dabei bin ich ständig unterwegs.
Ich suche nach Ruhe und ein wenig Geborgenheit,
dabei raubt mir die Nacht den Schlaf.

Weißt du, wie das ist,
keinen Menschen zu haben,
wie von allen guten Geistern verlassen zu sein?
Ich bin wie tot, obwohl ich lebe.

„Mein Gott, mein Gott,
warum hast du mich verlassen?"
Ich bin mir selber wie ein Fremder geworden.
Ich kenne mich nicht mehr,
weiß weder ein noch aus.
Dann ist es doch besser, gestorben zu sein,
begraben und vergessen!

„Mein Gott, mein Gott,
warum hast du mich verlassen?"
Doch eine leise Hoffnung habe ich noch.
Denn du hast Jesus nicht in der Einsamkeit gelassen,
du hast ihn dem Tod entrissen.
Vielleicht hörst du auch mich?

Zum Nachdenken

- Jammere ich bei jeder Gelegenheit
- Wie gehe ich mit dem Schmerz um
- Entziehe ich mich dem Leid
- Nehme ich mir Zeit zum Trösten

Eine Fürbitte

Jede Verletzung ist es wert,
darauf zu achten, was mich kränkt,
wo ich andere krank mache.

Jede Wunde ist es wert,
auf den zu achten,
der verwundet ist und blutet.

Jede Krankheit ist es wert,
den Menschen zu verstehen,
der sich Heilung wünscht.

Ich bitte, lass mich achtsam sein.

Der Tod
hat nicht das
letzte Wort:

Erst nach Jesu Tod kam seine Bewegung richtig in Schwung. Die Frauen und Männer, die Jesus gefolgt waren, verkündeten nach überwundener Angst unbekümmert: Jesus lebt; wir haben ihn gesehen, berührt, mit ihm gesprochen und gegessen.

Dieses Zeugnis legten sie vor allen ab, vor denen, die es hören, wie vor jenen, die ihnen den Mund verbieten wollten.

Folter und Todesdrohungen konnten sie nicht davon abhalten, Jesus als den Lebenden zu verkünden. Weil er bei Gott lebt, ist er nicht eine ferne Hoffnung, er lebt und wirkt weiter mitten unter den Menschen.

Das neue Leben Jesu wird aber ganz anders erfahren. Nichts ist wie vorher. Der Tod kann nicht rückgängig gemacht werden. Ein Zurück in das Alte, das Vergangene, das Materielle gibt es nicht mehr. Durch die Auferweckung von den Toten hat Gott etwas ganz Neues geschaffen.

Das Leben lebt. Ohne Grenzen und Einschränkungen, das Leben bei Gott kennt weder Raum noch Zeit. Für diesen Bereich fehlen uns allerdings die Erfahrungen, wie es für die Auferstehung Jesu keinen eindeutigen Beweis gibt. Die Auferweckung Jesu durch Gott bleibt eine Sache des Glaubens.

Doch mit dem Glauben an die Auferstehung Jesu kommt die christliche Botschaft zu ihrem Höhepunkt. Das Evangelium setzt das ganze Vertrauen auf Gottes Lebensmacht. In seinen Händen liegt die Zukunft. Nur ein Gottloser kann behaupten: Mit dem Tod ist alles aus.

Weil die Frauen und Männer Jesus als den Lebenden erfahren haben, weil er sich ihnen beim Brotbrechen offenbarte, weil sie mit ihm am See das Frühmahl hielten, konnte seine Sache weitergehen; nicht mehr auf den letzten Winkel der Erde beschränkt:

Jesus der Auferstandene erschließt dem Evangelium die ganze Welt.

Das Kreuz wandelte sich zum Siegeszeichen. Der kleine Jüngerkreis wurde zu einer weltoffenen Gemeinschaft, die sich bald in Syrien, Kleinasien, Griechenland, im ganzen römischen Weltreich ausbreitete, und zu einer die Erde umspannenden Kirche wurde.

Der Gotteslästerer, der Gescheiterte wurde als Sohn Gottes proklamiert. Das Evangelium ist damit die von Gott bestätigte gute Nachricht für die ganze Welt, das Salz in der Suppe, der Sauerteig im Mehl, die Stadt auf einem Berg. Fortan konnte die Gute Nachricht nicht mehr überhört werden.

Wunderbares Tun Gottes

(nach Psalm 107)

Wer kann meine Ängste lösen,
wer wird mich im Dreck und Dunkel finden,
wer die Schatten des Todes vertreiben?
Gott tut Wunder!

Dem Hunger meines Lebens gibt er Brot.
Meiner Sehnsucht schenkt er Wein.
Meinem Schatten ein Licht.
Gott tut Wunder.

Er hat seinen Sohn nicht im Tod gelassen.
Er hat ihn neu belebt.
Er hat ihn begeistert.
Gott tut Wunder.

Seither höre auch ich:
Dein Glaube hat dir geholfen.
Nimm dein Bett und geh.
Ich will es, werde gesund.
Deine Sünden sind dir vergeben.
Sei ganz.

Nicht mehr Knecht bist du, sondern Freund.
Mein Kind bist du, denn du gefällst mir.
Du sollst leben.
Gott tut Wunder.
Auferstehung Jesu:
Das Leben hat seinen Sinn.
Mein Leben macht einen Aufstand.
Ich stehe auf zum Leben.
Ich werde nicht mehr gelebt, ich lebe.
Ich war tot und lebe wieder,
ich war verloren und wurde wieder gefunden.
Gott tut Wunder.

Zum Nachdenken

- Warum gehe ich zu Begräbnisfeiern
- Wo liegt der Sinn für das Gebet für Verstorbene
- Fallen mir Worte des Trostes schwer
- Wie bewältige ich meine Angst vor dem Tod

Eine Fürbitte

Gott, gib Glück dem,
der unter uns kein Glück hatte.
Schenke Frieden dem,
der hier nicht zufrieden war.
Verschaffe Ruhe allen,
die keinen Schlaf gefunden haben.
Feiere ein Fest mit denen,
die einsam und verlassen waren.
Schenke neues Leben dem,
der wie tot war.
Und was du den Toten gibst,
das schenke auch uns.

Der Glaube an den Auferstandenen

12

Kreuz und Auferstehung gehören zusammen. Karfreitag und Ostermorgen sind wie ein Tag. Das Schandkreuz wurde zum Plus, zum Siegeszeichen. Ohne den Glauben an den Auferstandenen macht das Kreuz keinen Sinn; dem Glauben an die Auferstehung würde die letzte Entschiedenheit fehlen, wenn es das Kreuz nicht gäbe.

In Jesu Leben, Tod und Auferstehung ist der Weg des Menschen vorgezeichnet. Durch Jesus verliert er seine Hoffnungslosigkeit. Das Leben wird uns nicht genommen, es wird verwandelt. Neues Leben wird es geben, das ist seither die Botschaft über jedem Grab.

Weil Ostern die Oberhand behält, können wir bezeugen, dass das Kreuz einen Sinn hat und damit auch das Leid der Menschen. Der Glaube an den Auferstandenen lädt uns ein, die kalten Mauern des Todes aufzubrechen und dem Leben den Vorrang zu geben, schon hier in dieser Welt.

Der Glaube an die Auferstehung bedeutet auch: Wir können Gott absolut vertrauen. Er hat für uns einen Platz in seinem Reich. Ostern hat uns bereits verwandelt: Wir sind nicht mehr den tödlichen Macht- und Gewaltstrukturen unserer Welt ausgeliefert, denn wir sind erlöst, befreit. Der Auferstandene hat für uns alles schon gerichtet. Zur Vollendung fehlt nur noch die Zeit.

Christen dürfen wegen ihres Glaubens nicht zu einem exklusiven Club der Erlösten werden. Jetzt gilt es in der Welt und mit den Menschen durch die Weitergabe der Zukunftshoffnung solidarisch zu sein.

Mit großem Selbstbewusstsein können Christen dem Weg Jesu folgen: Sie gehen ihn unter Jesu Worten, die in seiner Zeit wie Hammerschläge gewirkt haben müssen: „Ich aber sage euch..." Eine neue Zeit ist angebrochen, die alte überwunden.

Das Evangelium Jesu geht an die Wurzeln: Es zeigt beispielsweise, wo der Mord, der Ehebruch, der Betrug beginnen: Im Herzen der Menschen.

Deswegen will Jesus die Menschen verwandeln. So weiß schon der Prophet: „Ich nehme euch das Herz aus Stein und gebe euch ein Herz aus Fleisch.'

Wir brauchen uns auf keine Götzen mehr einzulassen, die mit Macht, Ansehen, Geld, Besitz, Sucht umschrieben werden. Wir können über uns hinauswachsen, denn in unserem Leben geht es nicht mehr nur um uns selbst.

Das alles, weil mit der Auferstehung eine neue Weltordnung entstanden ist, die Ordnung der Liebe.

Umwandlung

(nach Psalm 103)

„Dein Leben erlöst Er vom Untergang."
Vom Tod zum Leben heißt für mich,
guter Gott:
Ich kann mir wohlwollender begegnen.
Ich kann barmherziger mit mir umgehen.
Ich kann mich annehmen, wie ich bin.

Vom Tod zum Leben heißt für mich,
guter Gott:
Ich kann meine Fäuste öffnen.
Ich kann meine Mauern schleifen.
Ich kann meine Vorurteile zerbrechen.

Vom Tod zum Leben heißt für mich,
guter Gott:
Ich kann mit dem Alten Schluss machen.
Ich kann mit der Vergangenheit aufräumen.
Ich kann mich Neuem zuwenden.

Vom Tod zum Leben heißt für mich,
guter Gott:
Ich bin geschätzt.
Ich bin geliebt.
Ich bin liebenswert.

Vom Tod zum Leben heißt für mich,
guter Gott:
Ich kann mich hingeben.
Ich kann mich loslassen.
Ich kann mich verbrauchen.

Zum Nachdenken

- Wie denke ich über das Leben nach dem Tod
- Kreuz und Auferstehung, passt das zusammen
- Welchen Sinn sehe ich in meinem Leben
- Was bekommen andere davon zu spüren

Eine Fürbitte

Herr Jesus,
deiner Auferstehung übergebe ich:
Meine Angst und meinen Zweifel.
Meine Trauer und meine
Hoffnungslosigkeit.
Mein Scheitern und meine Trennungen.
Das ständige Abschied nehmen müssen.
Das Sterben eines Freundes.
Den Tod meines Partners.

Ich bitte:
Lass mich aufstehen zum Leben.
Schon heute.

13 Leben mit den Sakramenten

Sakramente sind heilige Zeichen. Sie bringen uns mit Gott in lebendige Verbindung. Für die Sakramente und Rituale gibt es wieder ein großes Interesse. Jesus Christus ist für Christen das große Zeichen Gottes, das Sakrament. Er brachte den Menschen die Zuwendung Gottes und damit Heilung und Heil. Das gilt es zu entfalten.

Sakramente wechseln aus der irdischen Realität in eine unsichtbare Wirklichkeit. Insofern bleiben sie ein Geheimnis, auch wenn wir ihre Wirkung zu spüren bekommen. Es eröffnet sich ein Zugang zu einer anderen Welt. Was wir mit Händen greifen und mit dem Verstand begreifen können, ist nicht alles.

Wenn Jesus Brot und Wein mit uns teilt, wenn er den Frauen und Männern aus seiner Gefolgschaft die Füße wäscht, wenn er Aussätzige gesund macht und dem Gelähmten wieder auf die Beine hilft, setzt er damit für uns wichtige Zeichen: Er bezeugt, dass Gott, sein Vater, unser Heil will und wirkt. Er steht unter dem Zeichen des Sakramentes zu seinem Bund, den er mit dem Menschengeschlecht geschlossen hat.

Die Zeichen sagen noch mehr: Ein Sakrament macht sichtbar, was unseren Augen, unserem Verstand verborgen bleibt, was uns krank macht oder wie gelähmt sein, vielleicht sogar in Todesstarre versinken lässt; aber auch, was uns Hoffnung und Zuversicht schenkt, heilt und heiligt.

Gott setzt im Zeichen eine neue Wirklichkeit und eröffnet einen Blick in seine Welt. Die Aufgabe der Kirche ist es, diese geheimnisvollen und wirkmächtigen Zeichen zu hüten, selber Sakrament zu sein, Zeichen der Wirklichkeit Jesu Christi für unsere Welt.

Das ist der Grund, warum die Kirche tauft und firmt. Deswegen nimmt sie unser Sündenbekenntnis an und versöhnt uns. Sie lässt uns teilhaben an Jesu Leib und Leben, steht Kranken und Sterbenden bei, segnet die Partner, die sich in Liebe und Treue verbunden haben, und weiht Menschen für den Dienst und die Weitergabe der göttlichen Zeichen.

Durch die Sakramente werden die Christen selber zu Zeichen der neuen Welt Gottes. Sie schöpfen aus den ewigen Quellen und machen die Liebe Gottes sichtbar, spürbar. Letztlich offenbaren die Sakramente so den tiefen Sinn unseres Lebens. Es ist heilig mit allem, was zum Leben gehört: Gott hat es geheiligt.

Die Sieben Flammen

Die Sieben Flammen wohnen beisammen im All.
Sieben Flammen schenken uns die Liebe Gottes,
sie wohnen zusammen im Menschen.

Die erste Flamme ist Gott selbst.
Was er berührt, das hat Leben.
Er sendet sich aus und alles entsteht neu,
unsere Erde, der Himmel und die Unterwelt.

Die zweite Flamme ist seine Sonne.
Anfang und Quelle aller Dinge.
Der Mensch ist aus ihr geboren,
und er wird von ihr aufgezogen.

Die dritte Flamme ist die Sprache.
Deswegen suchen wir einander in unseren Worten
und sagen uns Worte von Liebe und Vertrauen.

Die vierte Flamme ist die Leidenschaft.
Sie lehrt uns das Leben, die Lust und die Liebe,
denn sie umfasst den ganzen Menschen.

Die fünfte Flamme sind Hunger und Durst.
Der Hunger nach Brot und Wein,
Hunger nach Leben, die Sehnsucht nach Erfüllung.

Die sechste Flamme ist die Musik.
Sie erfüllt unsre Sinne und unseren Leib, um zu spielen.

Die siebte Flamme ist die Hoffnung.
Sie macht aus Menschen Kinder und Propheten,
denen das Reich Gottes gehört.

Wir wünschen uns allen, dass die sieben guten Lichter
uns begleiten durch die sieben Tage der Woche
und durch die siebenundsiebzig Zeiten des Lebens.

Wir wünschen uns durch Gottes heilige Zeichen,
dass wir zu Menschen werden,
aus denen die Funken der Liebe schlagen
und das Feuer des Glaubens glüht.
Gott ist mit uns.
Das ist gut, sehr gut für uns Menschen.

Zum Nachdenken

- Welche Sakramente sagen mir etwas
- Wo halte ich an magischen Vorstellungen fest
- Welche Rituale schätze und übe ich
- Meine Lieblingssymbole

Eine Fürbitte

Ich will auf jeden Tag achten,
wie auf die Menschen.
Beide sind mir anvertraut.

Jeder neue Tag ist mein Leben.
Jeder Mensch ein Geschenk,
auch wenn ich das oft
viel später erfahre.

Ich will dankbar sein
über die Sonne am Morgen
und den Schlaf in der Nacht.
Denn sie sind Liebeszeichen,
Sakramente meines Gottes.

14 Kirche, eine glaubwürdige Gemeinschaft

Jesus hat keine Kirche gegründet. Es geht ihm um einen neuen Weg, den Frauen und Männer mit ihm einschlagen wollen. Sie werden Apostel, Jüngerinnen, Jünger genannt. Erst in den folgenden Jahrhunderten haben sich verschiedene Ämter entwickelt. Es entstand ein eigener Kult und eine eigene Ordnung. Das, was wir heute Kirche nennen.

Grundlage dieser Gemeinschaft war die Heilige Schrift der Juden verbunden mit dem Glauben an Jesus, den Gekreuzigten und Auferstandenen, den Gesandten Gottes, wie er in den Schriften des Neuen Testaments bezeugt wurde. Nur so geht die Kirche auf Jesus Christus zurück.

Die ersten Christen waren sich bewusst, dass sie dem Ruf Gottes folgten, wenn sie sich unter seinem Wort versammelten. Diese Erfahrung schwingt in dem Wort Kirche, „herausgerufen aus den Völkern", bis heute mit.

Die Kirche ist ein Teil unserer menschlichen Geschichte, damit fehlbar und einer ständigen Entwicklung unterworfen. Sie ist zugleich der Raum, den Gott mit seiner Gegenwart, mit heiligem Geist erfüllt.

Die Kirche hat ihre Autorität von Jesus Christus und ist mehr als nur eine von Menschen gemachte Organisation.

Die Kirche ist eine große geschwisterliche Gemeinschaft der Glaubenden. Schon deswegen gibt es ernsthafte Versuche die geschichtlich verursachte Spaltung in Kleriker und Laien, in ein Oben und ein Unten zu überwinden.

Wenn die Kirche sich durch das Evangelium reformieren will, muss sie zu der Zeit zurückkehren, in der sie noch keine Religion, sondern eine Bewegung war.

Es gilt auf diesem Wege die Spaltung in Konfessionen und Gruppen zu überwinden, die durch Missverständnisse, menschliche Fehler und politische Einwirkungen in einer leidvollen Geschichte entstanden sind.

Heute kann ein überzeugter Katholik wahrhaft evangelisch gesinnt sein und ein evangelischer Christ durchaus katholisch fühlen. Die neue Einheit wird vielgestaltig und bunt sein. Deswegen kann man Christ sein, ohne die eigene konfessionelle Vergangenheit zu verleugnen oder die eigenen Schätze aufzugeben.

Die Kirche ist erst dann wahre Kirche Jesu Christi, wenn die Christen unter dem einen Evangelium in Frieden, Gleichheit und Geschwisterlichkeit miteinander leben.

Die Kirche wird heilig und apostolisch genannt, einig und katholisch. Das ist keinesfalls konfessionell zu deuten. Heilig ist sie wegen ihres Auftrages, apostolisch, weil sie ihren Grund in den Evangelien und den heiligen Schriften hat, die auf den Jüngerkreis um Jesus zurückgehen. Katholisch ist die Kirche, wenn sie den Glauben an Jesus Christus bis an die Enden der Welt trägt. Einig soll sie sein, damit sie vor der Welt glaubhaft Zeugnis von dem einen Gott ablegen kann.

Was ist der Mensch

(nach Psalm 8)

Gott, du hast dich auf uns Menschen eingelassen.
Wie ein Vater. Wie eine Mutter.
Du hast dich in Jesus Christus zum Menschen gemacht.
Für uns ein Freund. Ein Arzt. Ein Heiland.
Als Heiliger Geist bist du über uns gekommen.
Freundin. Trösterin. Beistand.

Was ist der Mensch,
dass du ihn in deinen Gedanken hältst?
Was sind der Menschen Kinder,
dass du für sie Sorge trägst alle Tage?

Doch wir haben uns nicht
an unsere Möglichkeiten gehalten,
haben unsere Fähigkeiten nicht entwickelt,
unsere Chancen vertan.
Du hast uns herausgerufen
zu einer großen Gemeinschaft,
doch wir haben keine Antwort gegeben.
Du hast uns zu einer universalen Kirche gemacht,
doch wir sind in unserer Enge sitzen geblieben.

Dennoch stehst du zu deinem Wort.
Du sicherst den Bund mit uns von Ewigkeit her.
In jeder Zärtlichkeit spüren wir dich.
In jedem guten Wort hören wir dich.
Im Blick der Liebe sehen wir dich.
In der hilfreichen Tat greifen wir dich.

Was ist der Mensch,
dass du ihn in deinen Gedanken hältst?
Den Himmel hast du für uns geschaffen
wie ein schützendes Dach.
Die Sonne für einen frischen Tag.
Den Mond für die Ruhe in der Nacht.
Die Sterne für Frieden und Glück
Und wir fragen noch:
Was ist der Mensch?

Zum Nachdenken

- Wo sehe ich Gutes an der Kirche
- Wie kann ich mir eine Mitarbeit vorstellen
- Wo setzt meine Kritik an
- Was möchte ich reformiert sehen

Eine Fürbitte

Gott, deine Gemeinde sind wir,
Kirche, herausgerufen.

Ich gehöre dazu,
mit allem, was ich habe,
so wie ich bin.

Hilf mir Brücken zu schlagen und
aufzubauen,
Kritik zu üben und mich einzusetzen,
Gegensätze zu überwinden
und Knoten zu lösen,
und über allem nicht zu vergessen,
die Gemeinschaft und das Fest.

Konsequenz des Glaubens: Moral

15

Jesus war kein Moralprediger. Für unser sittliches Verhalten haben wir von ihm nur wenige Anweisungen bekommen. Zur Sexualität hat Jesus nichts gesagt, aber Vieles über die Liebe. Denn sie soll die Entscheidungen unseres Lebens bestimmen: Wer den Nächsten liebt, liebt auch Gott und er liebt sich selbst. Das ist das Grundgesetz der Christen. „Liebe – und dann tu', was du willst!" so hat Augustinus dieses einzige Gebot Jesu auf den Punkt gebracht.

Jesus hat das Böse böse genannt, aber die Sünderin in den Arm genommen, dem Sünder vergeben. Er hat seinen Vater gut genannt und uns aufgefordert, gut und vollkommen zu sein, ohne deswegen unsere Fähigkeiten zu überschätzen. Er hat keinen Menschen verdammt, aber jedem ein anderes, ein höheres Ziel gezeigt.

Diese offene Frohe Botschaft Jesu ging im Laufe der Geschichte fast unter. Statt sich auf die Befreiung durch Jesus einzulassen, hat sich das Christentum als letzte moralische Instanz verstanden, die jedem Menschen Tun und Lassen bis ins Kleinste und bis ins Schlafzimmer vorschreiben wollte.

Die Ethik Jesu war von anderer Art: Er wollte die Menschen zur Freude und zum Staunen darüber führen, dass Gott sie liebt, dass sie vor ihm einen Wert haben, dass sie liebenswert sind.

Gott liebt mit einer Liebe, die wie selbstverständlich Verantwortung übernehmen und Achtsamkeit walten lässt für alles, was lebt. Deswegen stellte Jesus sich gegen alle Gebote und Ordnungen, die nicht den Geist der Liebe Gottes atmeten und gegen den Menschen und gegen Gott gerichtet waren.

Der Glaube und die Liebe, so vertraute Jesus, wird den Menschen dazu bringen, ein anderes Leben zu führen. Dann wird der Mensch sich ändern, er wird seine Liebe nicht einengen auf die eigene Familie oder die Freunde. Er wird die Gerechtigkeit mit Barmherzigkeit verbinden und zu einer größeren Gerechtigkeit kommen.

Er wird nicht lange fragen, „Wer ist mein Nächster?", sondern spontan die Linke tun lassen, was die Rechte nicht wissen darf, wie es ein Wort Jesu sagt.

Das ist die Moral, die den Menschen nicht verschließt oder auf bestimmte Handlungen eingrenzt. Sie macht ihm die Größe und Weite seiner irdischen Wirklichkeit klar, als ein Vorgeschmack des Kommenden. Die Moral der Christen ist die Einübung in das kommende Reich, das allein durch die Liebe Gottes und seine Gerechtigkeit geschaffen ist. Es ist die Moral von Menschen, die nicht mehr Knechte sind, sondern Töchter und Söhne Gottes.

Gott liebt die Gerechtigkeit

(nach Psalm 33)

Gott, deine Gerechtigkeit
ist aus einem anderen Holz geschnitzt.
Sie fühlt sich bei den Huren und Strichjungen zu Hause
und ausgeschlossen durch die Selbstgerechten
und Frommen.

Tag für Tag wird unter uns im „Namen des Volkes"
das Recht zertreten,
es braucht dazu nur einen guten Anwalt.
Junge werden für die Sünden der Eltern bestraft,
Kinder nach dem Missbrauch bloßgestellt,
vergewaltigte Frauen gedemütigt,
die Kleinen wandern hinter Gitter,
die Großen setzt man gegen Kaution auf freien Fuß.

Wir rufen zu dir:
Sei du unser Anwalt.
Tritt an unsere Seite.
Werde zu unserer Gerechtigkeit,
damit unsere Auseinandersetzungen fair bleiben,
wir mit unserer kleinen Macht großzügig umgehen.

Dann wird deine Gerechtigkeit,
die größere Gerechtigkeit, die Jesus angesagt hat,
Tag für Tag neu geboren
in den Herzen der Menschen,
die deine Liebe verkostet haben.
Dann bekommen Stumme eine Stimme,
Gebeugte einen Halt,
Ausgesetzte ein Dach über den Kopf,
Verachtete einen Namen,
durch dich,
durch uns,
in deinem Namen.

Zum Nachdenken

- Wo stimmt mein Leben
  nicht mit dem Glauben überein
- Wo ist Jesu Leben für mich ein Vorbild
- Was ist für mein Leben besonders wichtig
- Wo überfordere ich andere

Eine Fürbitte

Ich darf mich als Mensch entdecken
mit meinen Ecken und Kanten,
aber auch mit meinen Vorzügen.

Ich kann meinen Schatten annehmen
und weiß mich geliebt.

Das hat Folgen,
das ruft in mir nach Veränderung,
das muss mich wandeln zu Gott hin.

Denn er ist der Sinn,
für den es sich lohnt
zu leben und zu sterben.

16 Glauben über den Tod hinaus

Weil unser Leben vor Gott einen Sinn hat, reicht es über den Tod hinaus: In Jesu Auferweckung wurde das bestätigt. Doch bleibt das Leben in dieser Welt wichtig. Es will recht und mit allen Sinnen gelebt werden. Das ist der Wille Gottes.

Bei Gott ist es unvorstellbar, dass das gegenwärtige Leben, das für so viele Menschen höchst ungerecht und damit unmenschlich verläuft, nicht seine glückliche Vollendung und Fülle in seiner neuen Welt erfahren soll.

Das Evangelium verbietet uns, tatenlos zuzusehen, wenn Menschen nicht das Glück und die Liebe erfahren, zu denen sie bestimmt sind.

Der Glaube an die neue Welt Gottes ist keine Vertröstung auf bessere Zeiten. Er fordert uns heraus, die Liebe Gottes weiterzugeben und in unserer Welt ein Stück Himmel zu schaffen, auch wenn uns das Vollkommene erst später zuteil wird.

Wir haben von der Welt Gottes nur eine unvollkommene Vorstellung. Meist sind es Bilder und Geschichten, unter denen die Bibel die neue Wirklichkeit beschreibt. Es sind Bilder der Freude, des Festes, eines unvorstellbaren Glücks.

Weil wir uns als von Gott geliebt wissen, ist es schwer, sich vorzustellen, dass es Menschen gibt, die seine Liebe ausschlagen.

Der Zustand der Gottesferne, den wir Hölle nennen, ist denkbar. Doch wie kann es das Glück des Himmels für die einen geben, wenn sie wahrnehmen, dass die Hölle mit unglücklichen Menschen bevölkert ist?

Jesus, der nach seinem Tod in die Unterwelt hinab gestiegen ist, wie es im Glaubensbekenntnis heißt, setzt damit das eindeutige Zeichen, dass die Schrecken der Hölle durch die Liebe Gottes aufgelöst sind.

Gott will den glücklichen Menschen, der das Fest ohne Ende im Himmel feiert.

Wir wünschen uns, dass wir mit Menschen, denen wir in Liebe verbunden waren, weiterleben können und das ganze Glück, das auf Erden wohl keinem vollkommen vergönnt war, gemeinsam genießen.

Alle unsere irdischen Verbindungen wie Freundschaft und Partnerschaft weisen auf den großen Bund hin, den Gott mit uns geschlossen und den Jesus mit seiner Verheißung für ein „Leben in Fülle" verknüpft hat.

Leihgabe Gottes

Die Frage steht im Raum
und keiner kann sie runter schlucken.
Im Tode liegt die Antwort: Ich war mir nur geliehen.

Versteht ihr, die ich liebte, die mich liebten,
jeder auf seine,
ich auf meine arme, eingeschränkte Weise:
Ich war euch nur geliehen.
Nehmt meinen Dank,
jetzt in diesem Augenblick.
Lasst den Schmerz, den ich euch zugefügt
auf dieser Seite unsres Lebens: Ich war mir nur geliehen.

So vieles konnte ich nicht verstehen,
viel zu weniges von dem konnte ich erklären,
euch an meiner Seite.
Die Zeit ist um: Ich war euch nur geliehen.
Möge Gott mein letztes Danke hören
und zu euch tragen,
die ihr mir so viel gegeben: Ich war euch nur geliehen.

Was bleibt, ist die Erinnerung,
die Art und Weise, wie ich euch geliebt.
Verzeiht, wo ich gefehlt, wo ich vergaß,
wo ich der Meinung war, ihr seid die Meinen.
Doch: Ihr ward mir nur geliehen.

Wie gerne hätte ich es euch gesagt,
was mich bewegt, bedrückt
und Todessehnsucht übers Leben siegen ließ.
Ich konnte es nicht: denn ich war mir geliehen.
So wird ein andrer Antwort geben müssen.
ER, der mich verliehen hat an euch,
zu dem zurück ich ging.
Und so bitt' ich ihn,
euch ein erfülltes Leben zu schenken,
das ich mir nicht gönnte: denn ich war mir nur geliehen.

Zum Nachdenken

- Auf was vertraue ich
- Zeige ich meinen Glauben im Gespräch
- Wo vertröste ich mich und andere
- Worauf können sich andere an mir festhalten

Eine Fürbitte

Wenn ich an den Rand
meiner Möglichkeiten gerate,
mir der Zusammenhang verloren geht,
meine Unsicherheit mich ängstigt,
mich ohnmächtig
und wie ausgeliefert fühle,
dann, Gott, lass dich sehen,
damit ich nicht lebendig sterbe.

Wenn ein anderer
an seine Grenzen gekommen ist,
sich wie verloren fühlt,
von Ängsten überwältigt,
machtlos und armselig ist,
dann will ich mich sehen lassen,
dass er nicht lebendig
schon wie gestorben ist.

Einheit in Vielfalt

17

Der Skandal des Christentums ist seine Zerrissenheit in viele Konfessionen und Sekten. Dabei gibt es weit mehr, was die Christen eint als sie trennt.

Das Bekenntnis zu Jesus Christus ist aus geschichtlichen und machtpolitischen Gründen in den Kirchen verschieden ausgedeutet worden. Oft sind es nur Akzente, die Christen voneinander unterscheiden.

Der beste Weg der Konfessionen zu einer versöhnten Einheit in bunter Vielfalt, wäre es, das Evangelium gemeinsam für unsere Zeit wieder zu entdecken. Es ist an der Zeit, dass sich die Konfessionen auf diesen spannenden Prozess einlassen. Alle Seiten würden gewinnen.

Typisch katholisch ist, wenn Christen besonders an einer großen weltweiten Kirche interessiert sind. Und diese als eine Gemeinschaft verstehen, in der die Heilige Schrift und die Tradition und damit die Entwicklungen in der Kirche gleichwertig nebeneinander als Quelle des Glaubens und des Lebens stehen.

Typisch evangelisch ist, wer in besonderer Weise auf die Frohe Botschaft Jesu, wie auf die Bibel insgesamt zurückgreift, die „Freiheit des Christenmenschen" schätzt und durch das Hinhören auf Gottes Wort die ständige Reform der Kirche im Blick hat.

Christsein kann heute nur heißen, in ökumenischer Weise zu leben und zu handeln: Der katholische Christ kann wahrhaft evangelisch gesinnt seinen Glauben leben, und der evangelische Christ wird wegen des Evangeliums um eine wahrhaft katholische Weite besorgt sein.

Die Einheit der Christen wird dann so entstehen, dass man im guten Sinne des Wortes vollgültig Christ sein kann, ohne seine konfessionelle Tradition zu vergessen. Das würde dem Christentum insgesamt mehr Farbigkeit, Qualität, Leben und Überzeugungskraft schenken.

Zur Einheit gehört ein wichtiges Zeichen: die ökumenische Gastfreundschaft.

Von den Gegnern wird gerne herausgestellt, dass erst die Einheit hergestellt sein müsse, bevor Christen miteinander das Abendmahl feiern könnten. Viele Christen in den Konfessionen sind dagegen überzeugt, dass durch das gemeinsame Mahl die Einheit bewirkt wird.

Alle christlichen Kirchen stehen vor der Herausforderung, sich in jedem geschichtlichen Abschnitt zu reformieren. Das können sie um so leichter und freudiger, je mehr sie sich als eine provisorische Kirche erkennen, eine Gemeinschaft, die weiß, dass sie nicht schon das Reich Gottes ist, sondern in ihm ihr Ziel und ihre Erfüllung findet.

Wenn sie dienende Kirchen sind, die ihren Auftrag nach dem Willen Jesu vor allem an den Kleinen und Schwachen erfüllen, kommen sie der Einheit näher. Und wenn die jeweiligen Kirchen, das ist das Schwerste, um ihre Schuld wissen, dann entsteht die versöhnte Einheit, um die Jesus gebet hat, schneller als gedacht: „Vater, ich will, dass sie eins sind!"

Wie ein Traum wird es sein

Wir träumen von einer Kirche,
in der Kinder eine Heimat haben,
die weit genug ist für Jugendliche,
die ihre Sprache spricht und ihnen Visionen gibt,
die Mut macht für das Abenteuer
und die Lust des Lebens,
die selber lernt und damit jung bleibt.

Wir träumen von einer Kirche,
in der Frauen und Männer gleichberechtigt sind,
in der wir geschwisterlich zusammenleben,
die Generationen sich aufgehoben wissen
und selbst Alte eine Zukunft sehen.

Wir träumen von einer Kirche,
die das Evangelium als Frohe Botschaft verkündet
und deswegen mehr das Gute sieht als das Böse,
in der Gescheiterte einen Platz haben,
Heimatsuchende ein Dach finden,
in der Gerechtigkeit nicht nur ein Wort ist,
weil Solidarität groß geschrieben wird.

Wir träumen von einer Kirche,
in der Fragen erlaubt sind,
weil sie sich selber ständig in Frage stellt.
Eine Kirche, in der Gottes Geist das Sagen hat
und deswegen alle Enge und Angst überwunden sind.
Eine Kirche, die vorlebt und vorliebt,
wie Menschen aller Rassen und Völker
im Frieden miteinander leben können.

Wir träumen von einer Kirche,
die jeden Menschen ernst nimmt
mit seinen Hoffnungen, Sehnsüchten und Wünschen.
Eine Kirche, die mit Gott rechnet mitten im Alltag,
und mit ihm unterwegs bleibt.

„Wenn alle träumen, gemeinsam träumen,
wird er wahr, der schöne Traum!"

Zum Nachdenken

- Wie zeige und lebe ich Ökumene
- Was bereitet mir Schwierigkeiten an anderen Konfessionen
- Wie achte ich auf Aussöhnung
- Halte ich gute Kontakte über den kirchlichen Zaun

Eine Fürbitte

Öffne mich, Gott,
wenn ich mich ungewohnten und
ungewöhnlichen Gedanken verschließe,
wenn ich keinen Blick habe
für die kleinen Wunder,
keine Erwartungen
für das Neue und Unmögliche.
Schließe mich auf
für die unerbetene Kritik,
den verletzenden Vorwurf,
für das allzu Gewöhnliche,
damit in mir die Einsicht wachse
für eine versöhnte Einheit.

18 Leben als Christ

Das Christsein = Unterwegssein. Die ersten Christen nannten sich „der (neue) Weg". Christsein ist ein Geschenk Gottes; es ist kein Sollen oder Müssen.

Durch Jesus kam eine zuvor nie gekannte Freiheit in die Religion. Letztlich sind die großen Rechte, die von der französischen Revolution erstritten wurden, die späte Frucht des Evangeliums: Freiheit, Gleichheit, Brüderlichkeit.

Für diese Freiheit gilt es sich in der Kirche einzusetzen; noch haben in ihr die Gleichheit und die Geschwisterlichkeit keinen rechten Platz.

Die erlöste Haltung eines Christen ist das aufrechte Stehen vor Gott. Im zweiten Hochgebet der Eucharistiefeier heißt es deswegen: „Wir danken dir, dass du uns berufen hast, vor dir zu stehen..." Jesus wurde Mensch, damit wir göttlich werden.

Freiheit verlangt Verbindlichkeit. Wofür wir uns in aller Freiheit entschieden haben, müssen wir stehen.

Freiheit und Verbindlichkeit zusammen schaffen Wärme und Heimat. Selbst wer diese Heimat aufgibt, gleich aus welchen Gründen, darf wissen, dass die Türen immer offen bleiben.

Was diese Frohe Botschaft wirklich ist, verstehen wir erst , wenn wir das Leben Jesu im Blick haben und mit unserem Leben oder mit unseren Entscheidungen vergleichen. Seine Predigt setzt mehr auf das pralle Leben als auf eine trockene Lehre.

Jesus fordert uns zu einem neuen Lebensstil heraus und erklärt, warum wir nicht hassen, sondern lieben sollen; warum es besser ist, das Böse auslaufen zu lassen, statt ihm Widerstand zu leisten; warum es Stärke bedeuten kann, wenn wir den Kürzeren ziehen, wie gelassen wir sein können, wenn wir Vertrauen entwickeln, wie es kleine Kinder noch haben, wenn wir uns weder durch die Vergangenheit niederdrücken noch durch Zukunftsängste beunruhigen lassen.

Wer zu dieser Einstellung gekommen ist, ist zu Taten bereit. Jesus ermuntert uns, dort zu sein, wo keiner bereit ist hinzugehen.

Besonders tröstlich ist es, dass wir zu unseren Schattenseiten stehen dürfen, selbst zu unserem Leid. Jesus gibt dem Leid, dem Tod und dem Sterben einen Sinn.

Der Christ wird das Leid nicht suchen, aber es ertragen, er wird es bekämpfen und überwinden, wo er kann. Er wird es annehmen, wenn es nicht zu ändern ist, selbst wenn er weder Plan noch Sinn entdecken kann.

Schließlich kommt es, das ist völlig neu in der Jesus-Bewegung, auf das Vertrauen auf Gott im Guten wie im Bösen an, nicht so sehr auf religiöse Leistung und Erfolg.

Wir brauchen uns also nicht von den so genannten Sachzwängen leiten zu lassen. Der Mensch ist immer wichtiger als die Rolle, die man ihm zugedacht hat.

Wer das erkannt hat und lebt, ist wirklich frei. Er lebt als Christ. Er wird Gelassenheit ausstrahlen, im Frieden mit sich selbst leben und den Frieden weiterschenken können.

Ein anderes Leben
(nach Jesaja 58)

So spricht Gott:
Das ist der Dienst, den ihr mir schenken könnt:
Schafft Recht und Gerechtigkeit unter euch.
Legt anderen keine Lasten auf,
die ihr selber nicht schultern könnt.
Zerreiße den Schuldschein.
Teile dein Brot und dein Dach.
Schenke ein Lächeln oder ein gutes Wort.
Stelle niemanden bloß,
gib keinen dem Spott und der Lächerlichkeit preis.
Deine Geschwister und deine Freunde
sollen fest mit dir rechnen können.

Dann wird es hell um dich
und die Schatten haben keine Chance.
Deine Verletzungen werden heilen,
du wirst zum Segen allen, die dir begegnen.
Denn ich, dein Gott, bin mit dir.
Wann immer du willst, kannst du mich rufen.
Ich werde an deiner Seite sein.
Ich bin für dich Brot und Wasser.

Deine Brüder und Schwestern setzen auf dich,
denn du achtest nicht nur auf die Überlieferungen,
sondern folgst deinen Träumen und Visionen.
Neues Leben wächst aus den Ruinen.
Du machst keine leeren Versprechungen,
betrügst nicht in deinen Geschäften,
deine Worte sind verlässlich.

Deshalb, spricht Gott,
wirst du an mir deine helle Freude haben.
Ich lasse dich dein Leben genießen,
ich schenke dir Zukunft,
so wahr ich dein Gott bin für alle Zeit.

Zum Nachdenken

- Wie sieht meine christliche Praxis aus
- Welche Bedeutung hat für mich der Sonntag
- Wie zeigt sich mein alternativer Lebensstil
- Wo gebe ich die Freude weiter

Eine Fürbitte

Gelegentlich fließt mein Herz über
vor Freude und vor Glück.
Ich freue mich, dass ich lebe,
dass ich die Liebe spüre,
und ich ahne etwas von dem Kommenden.

Welch ein Glück,
diese Erfahrungen zu machen:
Wie ein tröstliches Licht,
wenn das Dunkel über mich hereinbricht.

Dann, Gott, erinnere mich.

Gemeinde,
Kirche von unten

Geschichtlich gesehen hat die Kirche sich oft von den politischen Strukturen der jeweiligen Zeit anstecken lassen. Nicht immer zu ihrem Vorteil und zum Besten des Evangeliums: Erst hat man auf den römischen Kaiser gesetzt, vor allem als er nach Konstantinopel gegangen war, dann auf den deutschen Kaiser; die Feudalherren, die „allerchristlichsten Könige", später sogar auf Diktaturen.

An der Kirche ist davon immer etwas hängen geblieben. Das lässt sich noch heute in der Liturgie, in der Verwaltung oder im Auftreten der Bischöfe oder des Papstes ablesen. Von der Demokratie hat die Kirche leider erst ansatzweise gelernt. Ein Grund dafür mag sein, dass sie stets der Freiheit, der Gewissensentscheidung und dem Verantwortungsbewusstsein des Volkes misstraut hat.

Wenn Menschen in der Lage sind, politische Machthaber zu kontrollieren, dann könnten sie auch in ihren Gemeinden wie in der ganzen Kirche das demokratische Modell auf die Organisation Kirche anwenden. Es geht nicht um das Göttliche, sondern um das Menschliche, manchmal allzu Menschliche, oder um die Bestimmung des rechten Weges und der geeigneten Methoden.

Die Kirche kann keine Demokratie sein, heißt es. Aber sie könnte nach demokratischen Spielregeln arbeiten. Das Evangelium zeigt jedenfalls keine Vorliebe für die Königsherrschaft oder die Diktatur. Wir stellen eher eine große Nähe zur Demokratie fest. Der Heilige Geist wurde allen Menschen gegeben. Die Gleichberechtigung von Freien und Knechten, von Mann und Frau – in der Kirche nach wie vor unerfüllt – ist weder dem Evangelium noch der jungen Kirche fremd.

Alle Macht ist von Gott geliehen. Das wissen Christen gerade in einer Demokratie. Wer die Zeichen der Zeit recht erkennt, der ahnt, dass die Kirche nicht in ihrer Vergangenheit eingesperrt bleiben darf. Sie muss sich verstärkt auf alle ihre Glieder besinnen und anerkennen, dass Gott ein freies Volk wollte, ein heiliges Priestertum aller. Denn die Kirche wird – wie das schon immer war – von unten aufgebaut.

Die Christen werden in allen kirchlichen Bereichen Verantwortung übernehmen, die Bedeutung der Gemeinden wird wachsen. Auch die Bischöfe haben die Wahrheit nicht gepachtet. Sie entsteht und reift im Dialog mit dem Wort Gottes und seinem Volk.

In unserer Mitte

Du wohnst nicht in Domen und Kathedralen,
auch wenn sie es sagen.
Du hast keine Stellvertreter, die über dich verfügen,
auch wenn sie sich so gebärden.

Du wohnst mitten unter uns.
Du logierst bei der Witwe,
die ihre Miete sonst nicht bezahlen könnte,
hast einen Unterschlupf unter der Brücke gefunden,
wo nur Obdachlose übernachten,
hast dich ins Frauenhaus gerettet
vor der Schande und den Schlägen.

Du wohnst überall, wo Menschen leben.
Du bist sogar dort, wo wir dich nicht vermuten.
Hinter den Mauern der Haftanstalt,
im Studentenwohnheim,
in der Klinik für psychisch Kranke.
Aber wohnst du auch in unserer Gemeinde?
Heißt es nicht?
„Wo zwei oder drei in meinem Namen beisammen sind..."

Die Frage geht an euch:
Seid ihr in meinem Namen zusammen
oder unter dem Namen der Kirche?

Zum Nachdenken

- Wie sieht für mich demokratische Gemeinde aus
- Warum kandidiere ich
  nicht für den Pfarrgemeinderat
- Wo setze ich mich
  für die Gleichberechtigung der Frau ein
- Wann müsste ich das Wort ergreifen

Eine Fürbitte

Eine andere Kirche lass entstehen,
unter uns, durch uns.
Eine Kirche,
die deinem Kommen nicht im Wege steht.

Eine andere Gemeinschaft lass sein
aus Schwestern und Brüdern,
unter uns, durch uns.
Eine Kirche
ohne oben und unten.
Eine Kirche,
mit dir, Gott, in der Mitte.

Eine andere Vielfalt lass sein
in der Kirche,
unter uns, durch uns:
In den Farben des Regenbogens.
Keiner eine Kopie,
jeder ein Original.

Bibel: zurück zu den Quellen

20

Die Bibel ist das heilige Buch der Christen. Sie besteht aus dem Ersten Testament, der Heiligen Schrift der Juden, ergänzt durch das Zweite, durch das Neue Testament. Beide Teile zusammen mit über 70 Einzelschriften bilden das „Buch der Bücher, das Fundament des Christentums.

Die Bibel erscheint als das Wort Gottes, doch sie ist von Menschenhand geschrieben. Wer die Heiligen Schriften entschlüsseln und ihre Aussagen in unsere Zeit übersetzen will, muss bedenken, unter welchen sozialen, kulturellen, religiösen, gesellschaftlichen und ökonomischen Bedingungen sie abgefasst wurden. Die Aussagen der Bibel sind zeitbedingt eingefärbt und müssen für jede Generation neu gedeutet werden.

Frauen und Männer haben sich in ihrem Leben mit der Frage nach Gott auseinandergesetzt. Sie haben unter dieser Menschheitsfrage entdeckt, wie sie ihr Leben und das Zusammenleben deuten und gestalten können. Diese Entdeckung war für sie wie eine Erleuchtung, die sie Gott zugeschrieben haben.

Gott hat die Möglichkeit, sich auf unterschiedlichste Weise zu offenbaren. Die Propheten haben ihre Gotteserfahrungen oft unter Gefahren für Leib und Leben verkündet. So haben es auch die Apostel trotz aller Verbote nicht unterlassen, Jesus Christus als den Gekreuzigten und Auferstandenen zu predigen und die Sache Jesu in alle Welt zu tragen.

Wegen des Zeugnisses dieser Menschen in drei Jahrtausenden überrascht es nicht, dass in der Bibel viele Themen angesprochen werden, die von zeitloser Wichtigkeit sind. Dennoch ist die Bibel im Zusammenhang und vor ihrem Hintergrund zu lesen, wenn wir nicht Missverständnissen und Fehldeutungen erliegen wollen.

Wenn wir uns auf Jesus einlassen, dann legen wir eine unerschöpfliche Quelle des spirituellen Lebens frei, so wie er es im Gespräch mit der Frau am Jakobsbrunnen gesagt hat: „Wer von diesem Wasser trinkt, wird nie mehr Durst haben."

Jede Buchreligion, dazu zählen das Judentum wie der Islam, ist in der großen Gefahr, die Offenbarung wie in einem Tresor voll unerschütterlicher Wahrheiten verschlossen zu halten. Oder die Glaubenserfahrungen so vieler Menschen in den Jahrhunderten werden nicht als Lebenshilfe, sondern wie Kampfmittel eingesetzt. Oft genug wurde der Glaube unter dem Namen und dem Willen Gottes aufgezwungen.

Wahre Offenbarung Gottes verlangt Offenheit für das Unerwartete, das Gott in die Zeiten hineinspricht. Wir sind davon überzeugt, dass Gott sich durch Jesus Christus auf eine ganz besonders nachdrückliche Weise geoffenbart hat. Dieses Ereignis muss für jede Generation neu gedeutet werden. Ständige Wiederholungen aus der Vergangenheit entleeren die Worte des Lebens; sie machen die ganze Religion hohl.

Christen, die behaupten, sie nehmen alles wortwörtlich, wie es in der Bibel steht, verfehlen den eigentlichen Sinn der Botschaft. Sie verzichten auf die notwendige Auseinandersetzung mit dem Wort Gottes und bringen sich zugleich um Ermutigung, Ermunterung und Trost.

Die Autorität der Bibel steckt nicht allein in der Überlieferung. Sie kommt von Jesus Christus, der in den Gemeinden, der in der Kirche weiterwirkt. Deswegen ist jeder bekennende Christ, der sein Leben nach dem Evangelium ausrichtet, wie eine lebendige Bibel.

Jesus und seine Botschaft sind umfassend. Sie lässt sich weder zwischen die Buchdeckel der Bibel noch in die Mauern der Kirche einschließen.

Roger Schutz, der im August 2005 einem Attentat zum Opfer fiel, hat einmal gesagt: „Lebe das vom Evangelium, was du davon verstanden hast, und wäre es noch so wenig." Dieses Wort lässt sich zum Lebensprogramm machen.

Gott zeige dein Angesicht

*(Übertragung des 18-Bitten Gebetes,
des wichtigsten Alltagsgebetes der Juden)*

1
Ewiger Gott, Herr über Himmel und Erde,
das Gute kommt aus deiner Hand. Du denkst
nicht nur an unsere Vorfahren, du hast den Erlöser
angesagt für Kinder und Kindeskinder.
Gelobt sollst du sein, wenn du an uns denkst.

2
Deine Macht reicht in alle Ewigkeiten.
Den Toten schenkst du Leben,
die Lebenden ernährst du mit deiner Zuwendung,
den Fallenden bist du Halt,
die Kranken heilst du,
befreist die Gefangenen.
Niemand gleicht dir, Herr über Leben und Tod.
Gelobt sollst du sein, wenn du uns Leben gibst.

3
Ja, du bist heilig im Himmel und auf Erden,
du umgibst dich mit Heiligen.
Gelobt sollst du sein,
wenn du uns zu deinen Heiligen zählst.

4
Du gibst den Menschen Verstand
und lehrst sie die Weisheit.
Beschenke uns mit Einsicht und Erfahrungen.
Gelobt sollst du sein, wenn du uns Weisheit verleihst.

5
Bringe uns zurück,
wenn wir vom rechten Glauben abgewichen sind,
lass uns dir in allem dienen.
Gelobt sollst du sein, wenn du uns im Glauben stärkst.

6
Wenn wir gefehlt oder gesündigt haben, verzeihe uns.
Denn dein Erbarmen kennt keine Grenzen.
Gelobt sollst du sein,
wenn du vergibst und vergisst.

7
Achte auf unsere Not und stelle dich auf unsere Seite.
Du allein kannst uns erlösen.
Gelobt sollst du sein, wenn du uns beistehst.

8
Wenn du uns heilst, dann ist alles gut,
wenn du uns hilfst,
dann ist uns wirklich geholfen.
Erlöser und Arzt bist du für uns.
Gelobt sollst du sein,
wenn du uns gesund und heil machst.

9
Segne uns das Jahr und die Zeiten.
Wende alles zum Guten.
Segne uns, damit wir selber zum Segen werden.
Gelobt sollst du sein, wenn du segnest.

10
Sammle alle Menschen guten Willens zusammen.
Führe sie unter deinen gewaltigen Zeichen zusammen.
Gelobt sollst du sein, wenn du uns zur Einheit bringst.

11
Schaffe endlich Recht und Gerechtigkeit unter uns.
Erhöre die Klage derer,
die unterdrückt und ungerecht behandelt werden.
Gib uns selber Gerechtigkeit,
damit wir vor deinem Gericht bestehen.
Gelobt sollst du sein, wenn du Recht sprichst.

12
Wer verleumdet, soll bei dir keine Chance haben,
wer Böses im Sinn hat, sich wie Rauch auflösen,
die Stolzen und Überheblichen
wirf von ihrem hohen Ross.
Gelobt sollst du sein, wenn du den Kleinen beistehst.

13
Den Gläubigen aber
und den Redlichen gib Anteil an deinem Leben.
Belohne alle,
die uns in guter Absicht führen und leiten
und dir wie uns auf diese Weise einen Dienst tun.
Lass deine Gemeinde nicht zu Schanden werden.
Gelobt sollst du sein,
wenn wir in dir unsere Hoffnung haben.

14
Wohne unter uns wie in allen Zeiten.
Lass die heilige Stadt,
nach der wir uns sehnen,
offene Tore haben.
Gelobt sollst du sein,
wenn du deine Herrschaft aufrichtest.

15
Schenke deinem Volk Wachstum,
lass es grünen, blühen und reifen,
wie einen Spross aus deiner Seite.
Gelobt sollst du sein,
wenn du uns wachsen lässt.

16
Achte auf unsere Gebete,
nimm unseren Dank, erhöre unsere Bitten,
weise uns in großer Not nicht zurück.
Gelobt sollst du sein, wenn du auf uns hörst.

17
Freue dich über uns, denn wir sind dein Volk.
Nimm alles Gute, das uns gelingt, zu deiner Ehre an.
Es soll zu dir sichtbar aufsteigen wie das Feuer.
Gelobt sollst du sein, wenn du uns annimmst.

18
Dann wollen wir dir singen
am Morgen, am Mittag und am Abend,
denn du wendest dich uns zu bei Tag und bei Nacht.
Deine Liebe wollen wir allen Menschen verkünden
und dir alle anvertrauen, die mit uns das Leben teilen.
Es tut uns gut, wenn wir dir danken können.
Gelobt sollst du sein, wenn du unser Lob annimmst.

19
Gib uns allen Frieden und Glück,
wende dich uns zu und segne uns.
Gelobt sollst du sein,
wenn du dein Volk mit Glück und Frieden segnest.

Roland Breitenbach hat sich als Autor (mehr als 40 Bücher, zahlreiche Radio- und Fernsehbeiträge) und als Seelsorger der Pfarrei St. Michael in Schweinfurt schon vor Jahren mit dem visionären Roman „Der kleine Bischof" (17. Auflage, Reimund Meier Verlag) weit über kirchliche Kreise hinaus einen Namen gemacht. Sein priesterliches Engagement kennt keine Grenzen und kein Ausgrenzen.